消失的自然村

张家沟掠影

海正忠

著

黄河出版传媒集团
阳 光 出 版 社

图书在版编目（CIP）数据

消失的自然村：张家沟掠影 / 海正忠著. -- 银川：阳光出版社，2021.4
ISBN 978-7-5525-5845-6

Ⅰ. ①消… Ⅱ. ①海… Ⅲ. ①扶贫－隆德县－图集
Ⅳ. ①F127.435-64

中国版本图书馆CIP数据核字（2021）第068982号

消失的自然村：张家沟掠影　　海正忠　著

责任编辑　丁丽萍　李媛媛
封面设计　石　磊
责任印制　岳建宁

黄河出版传媒集团
阳光出版社　出版发行

出 版 人　薛文斌
地　　址　宁夏银川市北京东路139号出版大厦（750001）
网　　址　http：//www.ygchbs.com
网上书店　http：//shop129132959.taobao.com
电子信箱　yangguangchubanshe@163.com
邮购电话　0951-5014139
经　　销　全国新华书店
印刷装订　宁夏银报智能印刷科技有限公司
印刷委托书号　（宁）0020585

开　　本　710 mm × 1000 mm　1/16
印　　张　15.5
字　　数　200千字
版　　次　2021年4月第1版
印　　次　2021年4月第1次印刷
书　　号　ISBN 978-7-5525-5845-6
定　　价　68.00元

回望西海固

在梦里，我又走进了你——西海固；在梦里，我又看到了你的辛酸苦楚——西海固；在梦里，我又听到了你不屈不挠的心声——西海固。

曾记得在读研究生时，老师讲到要去西海固做田野调查时说："西海固苦瘠甲天下。在我国，西海固是贫困的代名词；在世界，西海固被联合国列为最不适合人类居住的地区之一。"我想到西海固地区看看老百姓的生存状态，用心与这片土地进行灵魂对话。

2011年11月8日，我们"走基层"来到了固原市原州区开城镇柯庄村。那天，我们在飘扬的雪中，顶着呼呼的寒风，行走在高低起伏、蜿蜒曲折的山村小道上。泥泞的小道，雪水横流，我们深一脚浅一脚地艰难前行。初冬的柯庄村，道路两旁一片荒凉。远处，光秃秃的丘陵地带沟壑纵横，茫茫白雪粉饰了它的外表，却掩盖不住它贫瘠的内核。

我们终于走进了柯庄村七组——张家沟自然村。村里的小道纵横交错，有的沿着山坡蜿蜒而上，有的顺着山沟盘桓而下。行走在陡峭的小道上，脚下"呲呲"地打滑，我小心翼翼地选了几个落脚点，才勉强爬了上去。

走到一农户门前，大门是用一些木头片钉成的，木头片大小不一，高低不平，留有很多缝隙，看上去有些年月了。走进院子，地面坑坑洼洼，积满了雨水，让人无处下脚。黄土筑成的院墙，土坯垒成的房屋，整个院子里唯一值钱的也就只有屋顶上陈旧的蓝瓦了。

三间正屋无精打采地待在那里，其中一间的屋顶已经坍塌，一家五口就住在剩下的两间屋里。屋里的大炕基本占了屋子的所有空间，两个孩子躺在炕上，脸蛋儿黑乎乎的。屋里没有板凳、椅子之类的，我们只好站着说话。牛粪的味道很浓，弥漫着整个屋子。墙壁上贴着毛主席和十大元帅的黑白画像，还有一幅毛主席接见钱学森和陈永贵的画像。屋顶破了好多的洞，能看到外面的天空，雨水滴滴答答地落下来，在地面上砸出一个一个的小坑。我被眼前的景象惊呆了：难道我回到了20世纪的五六十年代？我们和男主人交谈了许久，他说："我们自己的房子已经塌了，现在住的房子是村委会出钱给我们租的，我们自己没有钱租房子。"

除了房子问题，他还有三个身体不好的孩子。因为家里赤贫，粮食不够吃，女主人在十月怀胎时经常挨饿，导致孩子先天营养不良。他们的大儿子一出生就患有癫痫，靠卖羊和卖鸡的钱给孩子治病。

张家沟自然村交通不便，还严重缺水。每逢干旱，村民就得走数里山路拉水。水是村民们不解的心结，是他们所有的期望。

村民们一直希望有一天能搬出这个穷山沟。然而，花开花落，花落花开，一年又一年过去了，他们一直没有盼来搬迁的消息。走在固原的城乡道路上，我们随处可见宣传标语"搬得出，稳得住，能致富"。我当时想：在不久的将来，党和政府也许会把张家沟的百姓搬迁出去，他们就会开始新的生活。

2013年，20余户张家沟人率先迁往北边的固原市原州区三营镇；2014年，又有10多户村民搬迁至吴忠市红寺堡区新庄集乡。2019年，在铁道部的对口帮扶下，柯庄村建成居民点，又解决了一部分张家沟人的搬迁问题。如今的张家沟，村民已基本异地安置，再无人开垦、放牧，加上近几年雨水充裕，沟里的植被恢复得特别好，一条环线旅游公路绕村而过，衬托得沿路一带的大河滩、墩墩梁、大沟垴、香炉山更为神秘、美观。

我去柯庄村调查已经过去整整8年，时光抹不去记忆，柯庄村的一切，如今依然历历在目。衷心祝愿张家沟村民以后的日子越来越好。

难忘张家沟！难忘柯庄村！难忘西海固！

杜 军

2011年11月8日作于固原市原州区

2019年11月27日修改于银川

（作者在宁夏回族自治区党委政策研究室工作）

我们永远的家——张家沟

人民公社时期，柯庄村由七个自然村组成，形状近似“了”字，按“了”字的笔顺依次是一队柯家庄、二队海家庄、三队小马庄、四队林家庄、五队母家洼、六队丁家庄、七队张家沟。

我所在的张家沟生产队，有海、马、金、杨四大姓氏，另有高、明、于、穆四小姓氏，三十余户人家。张家沟沟壑密布，排列整齐。据海姓人讲，其老祖宗于清同治年间来到此沟时，沟内无人居住，只有满满的一沟黑刺与几处无名坟茔。先辈人挖刺开荒，苦度岁月。

直到新中国成立后的前20年，要在柯庄村找个会读红头文件的人都很困难，谁家写信都得请人代笔。就张家沟来说，在1970年的161位村民中，能读书信的仅有6人。在这样的情况下，想把村上发生的大事、要事、趣事记录下来，那是很困难的。

改革开放的40多年里，柯庄村的教育发生了翻天覆地的变化，用知识武装起来的柯庄人不再局限于村里，北京、上海、河北、河南、湖北、新疆以及宁夏南北各地都有他们的身影，他们走向全国，艰苦创业，负重拼搏。柯庄村虽然没有村志，但它留下了游子们的青春、汗水和无限的眷恋。记住乡愁！

小管家——海正瑞

阳光洒在脸上，双眼慢慢地睁开。头在砖头（当枕头用的）上先向右偏转，然后由右边转向左边，巡视这个不大的窑洞，光线是从“哨眼”射进来的。这是早晨八九点钟，太阳把本来黑暗的窑洞照得亮亮堂堂。

窑洞呈西进向，约7米深，3米高，3米宽，窑洞里的墙面是新刮的黄土泥皮，虽然不是很光滑，但也算得上干净，只是略显潮湿。窑的北侧有锅灶、案板和桐木的风箱，碗筷等餐具搁在灶台上，数量并不多。窑的南侧靠窗就是一盘面积不大的土炕。

这就是我幼年时的生活环境，我们最早的家。

那时新中国成立不到10年，百废待兴，每当父母外出劳动时，就把看家的任务交给了只比我大两岁的哥哥——海正瑞。哥哥是父母的得力助手，尽管他还不到6岁，可是已经能以太阳移动的影子为时间，按时让我们吃饭、玩耍和休息。他把不多的食物按人头均等地分成3份，每人1份，他为长却从不占我和妹妹的一点儿便宜。现在回想起来，我那时给他添了不少麻烦，也是唯一一个挨过他木棒的人。

在不知不觉中，我们都长大了，没有上过一天学的哥哥通过自学，可读书、看报、写字。哥哥先后做过张家沟生产队民兵排长、保管、副队长、队长等。逆境求生，哥哥是我们学习的榜样。

被搬新家

记忆里，我家院子来了几位客人，还拉着几头毛驴，到底有几位客人，几头毛驴？不知道。印象中毛驴背上有鞍子，头上套着笼头。

我一直站在院子里看那些不安分的毛驴。客人说了什么，做了什么？我一点儿印象都没有。母亲很忙，来的人从窑洞往出搬东西，父亲似乎不在其中。

那一天傍晚，我们家被搬到了林家庄前川里。客人们不知哪里去了，只剩下我们一家五口：母亲和哥哥坐在炕上，妹妹在母亲的怀里，我看着父亲用黄土泥做炉子。我好饿好饿，就等着炉子做好后做饭。这也是一孔窑洞，比原来的窑洞高大得多。窑内有炕，但没有锅台，地上放着刚搬来的锅、盆、勺、罐、水桶、菜刀和碗、筷等。

我们究竟吃上晚饭了没有，现在毫无印象。

接下来的几天，有很多人都来看过我们，但只是说上几句话就匆匆走了。

我和哥哥对周围环境越来越熟悉。我家居住的窑洞坐西朝东，南边紧挨着一个有围墙的小院，院内只有一孔窑，住着我大舅舅一家。他们和我们一样，都是从张家沟搬来的，在这里成了邻居，两家的孩子互相成了玩伴。

过了大舅舅家，就到了有一群孩子的那一家。那家的孩子比我们两家的大，女的多，男的少，常过来欺负我们几个小移民。我家没有院墙，出了窑门便是公共领域。我家窑前是去那家的必经之路，于是我将煨炕用的灰耙子一扛，横刀立马地往窑门前一站，那家的孩子只能钻沟爬坡，绕很大的圈子回家。为此，我几次挨母亲教训，要与邻为善，和那几个"姨姨"一块玩。

然而，我并不完全听母亲的话，扛着灰耙子吓唬"姨姨"的事时有发生。没过多久，他们家长胡子的"马大爷"身背一个大竹子背篼满脸怒气地到我家来，让我钻进背篼里，说要把我背到前面的水泉倒了去。我知道那眼泉，在门前那块地的尽头，因为我们常去那里抬水。泉很大，黑咕隆咚深不见底直往出冒水泡，掉下去肯定就没命了。此后，我再没敢吓唬几个"姨姨"，但她们似乎还是怕我，每每过我家门前时都要先侦察，后跑过。现在想想，这也是一件趣事。

回迁原居

一个夜晚，没有月亮，但有雪光，父亲背着我和哥哥走在山道上，雪在脚下咯吱咯吱作响，父亲喘着粗气艰难地移动脚步。我在父亲背上非常害怕，总担心掉下去，滚入深沟。用了很长时间，我们才走过那段难走的路。但是，父亲是怎样背的，我俩是怎样趴的，我一点印象都没有。

父亲把我和哥哥背回了原来居住的窑洞，炕热乎乎的，不知是什么时候煨上的。父亲让我和哥哥睡妥当，熄了灯，关上门走了。

当我睁开眼时，太阳光已经照进了窑洞，哥哥和妹妹在炕上，母亲在园子里整地准备种蒜，唯独父亲不在，我不知道母亲和妹妹是什么时候来的。

现在回忆起来，那时母亲在家照顾我们，料理家务，父亲有时在有时不在。至于当时父亲、母亲、哥哥、妹妹的容貌、衣着、声音以及吃的什么，炕上有没有被褥等，我现在没有一丁点儿印象。算一算，那是1959年春天的事，因为路上有积雪，母亲准备种蒜，两个村庄都在食堂打饭。当时，哥哥六岁，我四岁，妹妹两岁。

其实，张家沟离林家庄并不远，从张家沟起步，翻过埃背梁，淌过一道河，再走一段平路就到了林家庄，用不上一个小时。林家庄是中心村，我与它很有缘，在那里的学校我上完了小学；在那里的医疗站，我当了几年医生；在那里的牧场，我参加过集体劳动；后来又在那所小学，做了三年校长兼老师。

放羊的日子

羊多数是白的，但羊粪全是黑的。

1967年底，我断断续续读了三年的张家沟耕读学校关停了，12岁的我拿起剁铲成了生产队的羊梢子。当上羊倌后，我把经常跑在前面的羊分别命名为：机敏、宝华、梅梅……离开了欢声笑语的学堂，整日漂泊在高塬上、山野里、阳光下、寒风中，思念读书的情感与日俱增，我想我的同学，又喜欢这些可爱的羊儿。其实，羊是能听懂人言的。

小羊生性活泼，遇上土坎地埂，总爱爬上跳下，这时，只要你喊一声“下来”，大部分羊就会乖乖下来，剩下个别“二愣子”，你再喊上两声，便也不情愿地撑着脖子下来了。羊群吃草时的行进大体上是直线，当需要返回时，只要你喊一声“调头”，头羊就会领着羊群再吃回来。当头羊接近庄稼时，你就喊“不行”，它便会立刻煞住挥舞的舌头，并装作对鲜美嫩叶不感兴趣。

总之，羊是可以驯养的，山羊比绵羊容易驯服，不过都需要时日，我花去了半年多的时间才将它们训练到上面的程度，约占羊群三分之一的山羊最先归顺于我，起到了带头作用。

羊是张家沟生产队的集体财产，出现任何闪失，都要对羊把式问责。那时的柯庄村沟里狼时常出没，往往叫人防不胜防。

记得有一次，羊群正在沟洼里吃草，沟壕里突然跃出一匹青狼抓了一只老羊就跑了。我持剁铲追到壕边，原来它俩滚到了壕底。青狼骨瘦如柴，浑身颤抖；老羊挣扎着，但就是摆脱不掉狼爪的束缚。我大喝一声，一跃而下，青狼放开了羊闪身挪开，剁铲砸在草上。只见青狼慢腾腾极不情愿地爬上坡，隐没到草丛里去了。老羊受了重伤，肚子右边被撕开，一块皮毛吊着。在羊把式和我的精心照料下，老羊很快恢复了健康，我们给它取名为“狼扯子”。

还有一次是在黑夜，我和羊把式守在不到5平方米的羊房子里看守羊圈。煤油灯照出昏暗的光，羊把式酣睡着。“轰隆隆”——不好，羊惊圈了！我拉开门，借着窗户的灯光看，因为太黑，什么也看不见，只听见了羊的叫声。关上门准备睡觉，“轰隆隆”——羊又惊圈了！我抓起剁铲走出去，依然什么都看不见。羊群究竟怎么了？我三步并作两步，刚奔到羊房子门口，羊群又一阵惊动，一齐向我涌来。我转身一看，一对豆绿的光点一闪，“嗖”的一声跃墙而去。

羊把式也被惊醒了，那夜，我俩再没有睡着。天明查看，羊没有少，亦无伤者，但抬头竖耳，惊悚状还在。

南墙上留有数道狼的抓痕。羊把式感叹道：“可怕！可怕！”

求学生涯

1965年的一天，五个大男孩跟着老师来到我家，找娃娃上学。父亲不在，母亲将我藏在黑刺林里。比我大两岁的哥哥去不了，母亲说他得看孩子。那时，父母必须参加生产队的劳动，看管我及两个弟弟的任务落在了哥哥肩上。老师带着他的学生越走越远，我从黑刺林的缝隙中朝着他们的背影大“嗨”了一声，只见那五个大男孩飞奔而来，将我捉住，我被逮进了学校。教室是低矮的土坯房，里面挤不下十个学生，门窗也小，被烟熏得黑不溜丢的。在这里，我学会了写平生第一个字，我的姓——海。

这就是张家沟耕读学校，上课时断时续，1967年底，学校被迫停办，我成了失学少年。

1969年8月下旬的一天晚饭时间，父亲说：“咱们这五个儿子，得有人当兵。”母亲诧异，父亲接着说：“驻队干部说要组织社员挖防空洞，我寻思咱们送儿子去当兵。”母亲放下筷子，也不说话。父亲又说：“不是马上去部队，要先去识字。”

因此我到了林家庄学校。用两年半的时间读完小学，两年的时间完成初中学业，再用两年的时间高中毕业，接受了红医班的基础培训。回农村劳动锻炼，做过大队医疗站的医生。参加1977年的首届高考，铩羽而归。功夫不负苦心人，1978年我考上中专，一年速成班毕业，做了小学教师，教书育人36年。再回首，如果不是当年组织挖防空洞，我也许会是个地地道道的文盲，也许会和哥哥一样自学识字。

如今，海正忠的《消失的自然村：张家沟掠影》书稿送达案头，嘱我这个地地道道的张家沟人作序，因我文字功底和理论知识都很有限，略记录几段回忆聊补无米之炊。

海正忠长期关注张家沟及柯庄村，每年都要到村里住些时日。《消失的自然村：张家沟掠影》精选的照片风光旖旎，真实地记录了张家沟复杂多变的地形地貌。张家沟地理位置与柯庄村其他六个自然村不同，自然条件最差，村民生活特别困难。前辈有言："住在张家沟，干活的人要多，吃饭的人要少。"

张家沟没有一个人姓张，包括嫁入的女性，为什么叫张家沟？沟里分布着大片古坟茔，没有见其后裔，到底埋的是什么人？大沟垴的"古城墙"究竟是怎样形成的？瓦窑洼的瓦窑是何来历、生产过程和倒闭时间都是什么？这些问题至今还没有令人信服的解释，有待后人继续探究。

柯庄村偏僻，张家沟神秘，但新中国成立70年来，特别是改革开放40年里，党的方针政策通畅，群众跟党走，在教育、经济发展方面的成绩最为突出，从没有学校到成立耕读学校、半日制学校、夜校，再到全日制民办小学以及后来的全日制公办小学；从文盲充斥村到脱盲村；从食不果腹、衣不遮体，到全村脱贫；从伴着泥石流、滑坡的危险处境到整村搬迁至安全方便的新民居。

海正明

2019年12月2日

（作者系固原市泾源县大湾小学退休高级教师）

目　录

柯庄村小志*

一、概　况

柯庄村位于固原市区西南15千米处，土地面积19.75平方千米，耕地面积8513亩。柯庄村属半湿润高寒区，年降雨量少，光照充足，无霜期短，温度变化大。土地类型多，土层厚，适宜农、林、牧综合发展，主要农作物有冬春小麦、豌豆、胡麻、土豆、玉米、糜子、谷子、莜麦、荞麦等。

自古以来，柯庄村冰雹、霜冻、春旱、洪涝等自然灾害频发，夏秋雨水多，严重影响农作物成熟、收割。柯庄村沟壑纵横，梁峁交错，山多川少，土地质量差，基础建设薄弱，群众出行难。

全村下辖8个村民小组，分别是柯家庄、海家庄、马家庄、林家庄（四、八组）、母家洼、丁家庄和张家沟。柯庄村现有人口631户2217人，常住人口405户1482人。有现役军人2名，截至2019年2月，本村有退役军人12名。有低保户122户236人，五保户6户6人，残疾人85人，建档立卡户195户685人。村民以种植业、养殖业和劳务收入为主，2019年底，全村人均纯收入10037.5元。2018年脱掉贫困村帽子。

柯庄村按照“户户有产业”的思路，大力发展养殖、种植产业，目前，

---

* 本文数据全部来自柯庄村村民委员会。

全村牛存栏1468头，羊存栏1100只，种植青贮玉米5200亩。从2018年脱掉贫困村帽子，到2019年底，又脱贫186户667人，仅剩9户18人贫困人口，贫困发生率降到0.78%。

村集体经济收入主要靠养牛园区和养鸡扶贫车间，每年在13万元以上。

2019年铁道部帮扶协作发展项目产业到户。柯庄村152户建档立卡户种植玉米1910亩，获得补贴382000元，亩均200元；26户建档立卡户养殖肉牛51头，获得补贴153000元，每头牛3000元。

在2019年开城镇第二批农村危窑危房改造工程中，柯庄村有28户的房屋得以翻建，包括张家沟3户，其建筑面积为36平方米、60平方米、72平方米三个档次。

2019年春季学期实施的“雨露计划”，柯庄村获得助学补助人员3名。

2018年，柯庄村由中国国家铁路集团有限公司援助建设养殖园区两处，即柯庄村养牛园区和养鸡扶贫车间。运营模式为“铁道部扶贫＋龙头企业＋村集体经济＋贫困户”，以期不断壮大村集体经济，带动贫困户脱贫致富。

养牛园区位于居民点东北边，总投资380万元，占地11亩，建有6栋双面牛棚，每栋336平方米，共2016平方米，设计存栏能力300头。配套建有隔离牛棚1栋，晾晒场1处，饲料棚1处，青储池3处，管理用房5间，消毒室1间及园区道路、围墙、排水沟等。截至2019年底，该园区已经给村集体创收10万元，给予入股的65户贫困户奖励13万元，每户平均2000元。

养鸡扶贫车间总投资180万元，占地7.5亩，建有标准化鸡舍两栋，每栋917平方米，共1834平方米。截至2019年底，该车间创收20余万元，上缴村集体3万元，兑现贫困户半年分红5万元，每户平均1000元。

柯庄村基层组织有村党支部和村委会。自1958年以来，历任党支部书记分别是妥金华、马存福、杨进柯、海生涛、马文福、王生华、海生珍、柯文涛、马柱仁、妥军。

柯庄村有村小学1所，卫生室1所，文化室1处。

柯庄村有野生动物和野生中药材等。村境内有水库两座：大马庄水库和柯庄水库。旅游环线公路绕村而过。按照“生态宜居”要求，柯庄村生态绿化530亩。根据山势走向，栽种不同树种，着力打造不同景观。主要树种有杨树、柳树、油松、樟子松、云杉、金叶榆、太阳李等。村内的景观有：清水河支流源头——黑泉；怪崖嶙峋之大沟垴；海家庄水沟林场；李子沟、猴儿哑岔、林家圪垯土窑群、丁家庄小湾梁、母洼嵝岘、海家庄水坝等。

大马庄水库位于清水河上游支沟张家沟沟口，横断柯庄河而现高峡平湖景观。水库坝高15米，总库容110万立方米，具有灌溉和预防市区清水河段的洪涝灾害并减少下游沈家河水库淤积等作用。1972年7月建成，因在大马庄村附近而得名。

柯庄水库位于清水河上游支沟，地处东经106° 13′ 29″，北纬35° 54′ 04″。水库坝址以上流域面积3.1平方千米，流域地势西南高东北低，属黄土丘陵区，为温带半干旱地，流域内植被覆盖良好。经时任民兵营长的王生贵以及多名参加水库建设的村民证实，柯庄水库是开城公社修筑的，开建于1976年，建成于1978年，是一座集拦泥、防洪、蓄水、水产养殖、观光等功能的小（二）型水库。其最高坝高21.6米，坝顶高程1950米，总库容36.9万立方米，防洪库容3.43万立方米，最深水深4米。

二、发展轨迹

早期柯庄村由7个自然村组成，依次是柯家庄、海家庄、马家庄、林家庄、母家洼、丁家庄和张家沟。后来，林家庄一分为二，分为四组和八组。柯氏、马氏、林氏、母氏、丁氏、海氏为村里大姓，据推断，元代时这里已有人居住，清代中期，有了“柯家庄、林家庄、张家沟”村名。

柯庄村没有村志。静心凝望苍茫历史，在明代纂修的《嘉靖固原州志》和《万历固原州志》中，没有关于柯庄村的任何信息。清朝前期，固原州划6

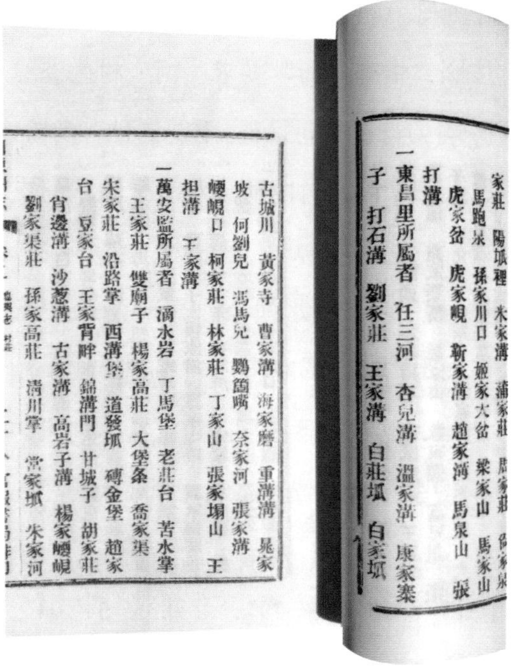

家莊 陽坬裡 米家溝 蒲家莊 唐家莊 保家泉
馬跑泉 孫家川口 姬家大岔 梁家山 馬家山
虎家岔 虎家峴 靳家溝 趙家灣 馬泉山 張
打溝
一東昌里所屬者 任三河 杏兒溝 溫家灣 康家寨
子 打石溝 劉家莊 王家溝 白莊坬 白家坬

古城川 黃家寺 曹家溝 海家磨 重溝溝 晁家
坡 何劉兒 馮馬兒 鸚鵡嘴 奈家河 張家溝
嶁峴口 柯家莊 林家莊 丁家山 張家塌山 王
担溝 王家溝
一萬安監所屬者 滴水岩 丁馬堡 老莊台 苦水掌
王家莊 雙廟子 楊家高莊 大堡条 喬家渠
朱家莊 沿路掌 西溝堡 道發坬 磚金堡 趙家
台 豆家台 王家背畔 錦溝門 甘城子 胡家莊
背邊溝 沙葱溝 古家溝 高岩子溝 楊家嶁峴
劉家渠莊 孫家高莊 清川掌 常家坬 朱家河

《宣统新修固原州志》

里4寨1堡，即固原里、东昌里、永丰里、兴仁里、清平里和万安里，东山城寨、黑石头寨、杨旗庙寨、韩家寨和小河川堡。柯庄村应属东昌里管辖。

清朝后期，固原直隶州划5里2监1堡1屯，即兴上里、兴下里、固原里、东昌里和永丰里，清平监、万安监，归州堡和固原屯。据《宣统新修固原州志》记载：东昌里所辖境内村庄有“张家沟、嵝岘口、柯家庄、林家庄、丁家山”。

笔者认为，这里的“嵝岘口”就是母家洼，“丁家山”就是丁家庄。以这两个村名的演变周期推理，柯庄村应在清朝中期就有了雏形。正如《宣统新修固原州志》所述：“固原辖境辽阔，地广人稀，大寨巨堡寥寥可指，其四乡中有十余家为一村者，有三五家为一村者，甚至一家一村。而彼此相隔数里、十数里不等者。”

民国初期沿袭里监旧制，民国18年奉令改为区村制，民国26年实行新县制。

民国34年，固原县重新调整保甲后，设为4区14乡镇109保1508甲。

1949年8月2日，固原解放，设区级政府12个，乡84个，行政村291个。

1953年，区级称谓又由区公署改为区公所。固原县区级建制增为15个，乡级建制增为122个。1953年11月1日，甘肃省西海固回族自治州成立，自治州首府为固原县，辖西吉、海原、固原3县，“西海固”一词由此而出。

1955年11月，西海固回族自治州改称固原回族自治州。

1956年1月，乡人民政府改称为人民委员会，区公所恢复区人民政府称谓。

同年11月，区乡调整合并。

1958年10月，宁夏回族自治区成立，撤销固原回族自治州，成立固原专区，划归宁夏。中共固原县委贯彻中央《关于在农村建立人民公社问题的决议》精神，固原全县72个乡（镇）改建为21个人民公社，下设316个生产大队，柯庄大队是其中之一。

1961年5月，固原县进行社队规模调整。

（一）2003年

柯庄村有农户448户1986人，有耕地7404亩，主要是山洼地，人均3.4亩。2003年，农民人均纯收入960元。

这时，全村经济条件差，村集体经济空壳，建设党员活动室欠款2000元。找不到发展村集体经济的突破口，欲上砖厂项目，没有资金，未能实现。

（二）2004年

柯庄村是开城镇最大的行政村，也是原州区的后进村之一，全村共有439户1952人，其中，劳动力930人，约占总人口的48%。全村共有耕地面积7625亩，人均3.9亩。牛存栏877头，年出栏105头。羊存栏1056只，年出栏505只。有多年生牧草留床面积874亩，农田种草775亩。2004年，全村人均纯收入1246元，其中，牧业人均纯收入151元，占纯收入的12%。

农民文化程度低，科技意识差，实用技术推广滞后，农户沿袭传统的饲养、管理模式，肉牛饲养周期过长。肉牛自繁自育，良种化程度低。没有规模养殖户。农村剩余劳动力富足，没有充分利用。

（三）2005年

据开城镇统计站的统计数据，本年度全村粮食总产量83.6万公斤，人均产粮约为385公斤，劳务输出444人，基本每户达到1人。对大多数农户来说，温饱问题已经解决。

2005年柯庄村基本情况一览表

2006年1月

项目	一、行政区域人口及劳动力								
	行政村	自然村	总户数	总人口	其中：		劳动力	其中：	
					男	女		男	女
单位	个	个	户	人	人	人	个	个	个
柯庄村	1	8	403	2172	1183	989	991	501	490

项目	二、农、林、牧生产条件及产品情况													三、农村新型合作医疗	四、历年井窖	五、人修山田	六、劳务输出
	耕地面积	其中水浇地	粮食面积	其中		油料面积	粮食产量	油料产量	人均收入	人均产粮	大家畜存栏	其中牛存栏	羊只存栏	历年退耕还林				
				夏粮	秋粮													
单位	亩	亩	亩	亩	亩	亩	万公斤	万公斤	元	公斤	头	头	只	亩	元	个	亩	人
柯庄村	7404					1191	83.6				844	788	1440		12100	151	100	444

柯庄村以山地为主，自20世纪60年代末以来，通过“农田基本建设”“农田大会战”“农业学大寨”等，“人修山田”各自然村都有，数量不等。

（四）2006年

2006年，柯庄村机修山田3000亩，村民称之为“推地”，就是把原来的山坡地推平，变为梯田。张家沟是柯庄村重点。

此年，柯庄村播种粮食5790亩，总产量865.1吨，亩产149.4公斤，人均产粮397.4公斤，比2005年度略有增加；油料播种面积895亩，总产量50.1吨，亩产近56公斤，人均23公斤。养殖业方面，牛存栏850头，羊存栏1554只，农民人均纯收入仅1715元。2006年，柯庄村被列为小流域治理项目村。

2006年柯庄村基本情况一览表

2007年2月

项目	一、行政区域人口及劳动力								
	行政村	自然村	总户数	总人口	其中		劳动力	其中	
					男	女		男	女
单位	个	个	户	人	人	人	个	个	个
柯庄村	1	8	438	2177	1251	926	1041	601	440

项目	二、农、林、牧生产条件及产品情况												
	耕地面积	其中	粮食播种面积	其中		油料播种面积	粮食产量	油料产量	人均收入	人均产粮	牛存栏	羊只存栏	历年退耕还林
		水浇地		夏粮播种面积	秋粮播种面积								
单位	亩	亩	亩	亩	亩	亩	吨	吨	元	公斤	头	只	亩
柯庄村			5790	2248	3542	895	865.1	50.1	1715	397.4	850	1554	

项目	三、农村新型合作医疗	四、历年井窖	五、山田建设		六、劳务输出
			人修山田	机修山田	
单位	元	个	亩	亩	人
柯庄村	18250	151		3000	524

（五）2008年

2008年，开城镇24个村农民人均纯收入2200元。柯庄村地处阴湿土石山区，全村共442户2199人，劳务输出850人次。年粮食总产量72万公斤，油料产量1.0万公斤。

从2006年该村被列为小流域治理项目村，三年来，柯庄村机修基本农田3000亩，整修村级及村间小道20余千米。2008年，柯庄村被定为马铃薯种植点，原州区农牧局投资建设一级种薯基地3000亩。

近年来，柯庄村党支部、村委会按照镇党委、镇政府提出的“221”工作思路，结合该村实际，在农业生产和发展经济方面重点发展肉牛育肥，马铃薯种植及淀粉加工，地膜玉米，劳务输出等。

（六）2009年

2009年，粮食播种7643亩，平均亩产182.7公斤。其中，夏粮2089亩，秋粮5554亩，与2006年相比，夏粮面积减少，秋粮面积大幅度增加，人均产粮达到606.2公斤，这是一个新的突破。油料作物播种面积与总产量下降，人均占有率由2006年的23公斤减少到11.7公斤。农民人均纯收入2856元，比2006年的1715元增加了1141元，三年中，年均增加380元。农村新型合作医疗缴费42940元，人均18.65元，是2005年人均5.57元的3.35倍。畦田建设、集雨微灌等新的农业技术投入使用。

2009年柯庄村基本情况一览表

2010年1月

项目	一、行政区域人口及劳动力								
	行政村	自然村	总户数	总人口	其中		劳动力	其中	
					男	女		男	女
单位	个	个	户	人	人	人	个	个	个
柯庄村	1	8	468	2303	1195	1108	1313	709	604

续　表

项目	二、农、林、牧生产条件及产品情况											
	耕地面积	其中	粮食播种面积	其中		油料播种面积	粮食产量	油料产量	人均收入	牛存栏	羊只存栏	历年退耕还林
		水浇地		夏粮播种面积	秋粮播种面积							
单位	亩	亩	亩	亩	亩	亩	吨	吨	元	头	只	亩
柯庄村	8513.5	160	7643	2089	5554	616	1396	27	2856	1156	986	

项目	三、农村新型合作医疗	四、历年井窖	五、农田水利			六、劳务输出
			农渠清淤	畦田建设	集雨微灌	
单位	元	个	千米	亩	亩	人
柯庄村	42940	151		200	100	426

（七）2012年

2012年，柯庄村有农户472户2321人，其中，七组张家沟有78户276人。柯庄村人均产粮955.6公斤，人均纯收入达4386元，与2009年相比，三年中增加了1530元，年增长510元，增速超过前三年。农村新型合作医疗达到87150元，人均达到37.6元，比2009年翻了一番。

2012年柯庄村基本情况一览表

2013年1月

项目	一、行政区域人口及劳动力								
	行政村	自然村	总户数	总人口	其中		劳动力	其中	
					男	女		男	女
单位	个	个	户	人	人	人	个	个	个
柯庄村	1	8	472	2321	1167	1154	1635	850	785

续　表

项目	二、农、林、牧生产条件及产品情况											
	耕地面积	其中	粮食播种面积	其中		油料播种面积	粮食产量	油料产量	人均收入	牛存栏	羊只存栏	历年退耕还林
		水浇地		夏粮播种面积	秋粮播种面积							
单位	亩	亩	亩	亩	亩	亩	吨	吨	元	头	只	亩
柯庄村	8514	160	8295	2820	5475	582	2218	47.0	4386	1130	2400	

项目	三、农村新型合作医疗	四、历年井窖	五、农田水利			六、劳务输出
			农渠清淤	畦田建设	集雨微灌	
单位	元	个	千米	亩	亩	人
柯庄村	87150	151		200	100	515

（八）2013年

2013年，柯庄村人均纯收入5091元，比上年度增加705元，人均产粮没有变化，但牛存栏从上年度的1130头下降到600头，说明家畜交易市场活跃。参加农村新型合作医疗达到1842人，占总人口的79.4%。

2013年柯庄村基本情况一览表

2014年1月

项目	一、行政区域人口及劳动力								
	行政村	自然村	总户数	总人口	其中		劳动力	其中	
					男	女		男	女
单位	个	个	户	人	人	人	个	个	个
柯庄村	1	8	472	2321	1167	1154	1635	850	785

续　表

项目	二、农、林、牧生产条件及产品情况											
	耕地面积	其中	粮食播种面积	其中		油料播种面积	粮食产量	油料产量	人均收入	牛存栏	羊只存栏	历年退耕还林
		水浇地		夏粮播种面积	秋粮播种面积							
单位	亩	亩	亩	亩	亩	亩	吨	吨	元	头	只	亩
柯庄村	8514	160	8295	2820	5475	582	2218	35.3	5091	600	2400	

项目	三、农村新型合作医疗	四、历年井窖	五、农田水利			六、劳务输出
			农渠清淤	畦田建设	集雨微灌	
单位	人	个	千米	亩	亩	人
柯庄村	1842	151		200	100	459

（九）2014年

2014年，柯庄村8个组总人口472户2321人，全村有劳动力1635人。有少生快富户110户，有低保对象83户146人，贫困农户建档立卡171户共594人。其中，张家沟有建档立卡户13户48人，基本都是重点贫困户，他们2013年人均纯收入在2000~2400元之间。

2014年底，原州区农民人均纯收入为6693元，开城镇农民人均纯收入达6338元，柯庄村人均纯收入4870元，低于原州区人均纯收入1823元，低于开城镇农民人均纯收入1468元。除民政供养人员外，柯庄村最低人均纯收入2930元。全村主要收入来源为劳务收入和养殖业收入。常年在外务工人员129人。劳务收入占总收入56%，养殖业收入占总收入29%，种植业占总收入10%，政策性补贴及其他占总收入5%。柯庄村贫困程度深，扶贫任务艰巨。经村委会研究，向上级申请评定柯庄村为贫困村。

全村种植面积7940亩以上，其中：马铃薯种植734亩，地膜玉米3662亩，小麦等粮食种植面积3544亩。有养牛户380户，牛存栏810头；养羊户350户，羊存栏4188只。有养殖圈棚174栋，农用机械378台（套），主要为四轮拖拉机等。

2013—2014年建设牛棚147栋，每栋补助5000元，共计73.5万元；完成危房改造35户，每户补助2.2万元，共计77万元；完成生态移民46户，劳务移民21户。

村内建有党员活动室1处；小学1所，在校学生120名，教师13名；简易篮球场1处；标准卫生室1处。

柯庄村10名中职、高职在校贫困家庭学生得到“雨露计划”资助，其中张家沟1名。

20世纪80年代，西海固开始实施生态移民环境保护政策，至今已有约40年。妥福霞在2013年完成的兰州大学硕士学位论文《西海固生态移民环境保护政策及相关法律研究》中说：“我的家乡位于西海固地区的固原市原州区开城镇柯庄村，就在六盘山水源涵养区附近，目前已经被规划进生态移民的范围。在我的记忆中，家乡的人们全是‘靠天吃饭’。夏季里，人们背着背篼上山挖蕨菜、挖甘草；冬季里，则上山砍柴、放羊。日复一日，年复一年，老家的山越来越秃，风越来越大，小河也干涸了。一次偶然的机会，我有幸去成都游玩，那是我第一次出远门，恶劣环境中成长起来的我到了青山绿水的环境中，强烈的视觉差异让我觉得心里隐隐阵痛，为什么家乡的生态环境和成都有这么大的差距？就在我反思纠结的时候，国家的‘生态移民环境保护政策’进入了我耳畔，原来家乡的生态环境还是可以改善的，我的脑袋里也不再是儿时光秃秃的山、干巴巴的河的记忆了，而是在幻想山清水秀的西海固。上了大学，我选择了环境与资源保护这个专业，专门研究环境的恢复与保护、资源的合理利用，这恰巧给了我机会，乘着国家‘生态移民环境保护政策’的春风，我运用法律的思维去认识、研究家乡生态移民环境保护政策实施的情况，为家乡的生态移民环境保护政策发展尽自己微薄之力。”（见妥福霞《西海固生态移民环境保护政策及相关法律研究·第一章　绪论》）

（十）2015年

2015年，柯庄村争取资金43万元，硬化四、八组道路1.5千米；完成危房改造54户，每户补助2.2万元，共计118.8万元；发放春膜960卷，总计5.7万元；机修山田1800亩，集中在一、三组；改造人畜饮水380户。

2014—2015年，“雨露计划”资助柯庄村中高职在校学生9人，其中张家沟1人。

（十一）2016年

2016年，柯庄村发放春膜1100卷，总计6.6万元；发放冬小麦籽种20吨；完成危房改造84户，每户补助2.2万元，共计184.8万元，完成交钥匙危房3户；完成“见犊补母”290头，共计14.5万元；发放太阳能热水器168台；协助信用社为97户建档立卡户贷款297万元。

当年，脱贫退出建档立卡贫困户12户38人，其中七组张家沟2户11人，人均纯收入达4500元以上，达到“三不愁，四保障”标准。

2015—2016年，“雨露计划”资助柯庄村中高职在校学生5人，其中有张家沟1人。

2016年柯庄村基本情况一览表

2017年2月

项目	一、行政区域人口及劳动力								
	行政村	自然村	总户数	总人口	其中		劳动力	其中	
					男	女		男	女
单位	个	个	户	人	人	人	个	个	个
柯庄村	1	8		1973	1066	907	983	520	463

续 表

项目	二、农、林、牧生产条件及产品情况											
	耕地面积	其中	粮食播种面积	其中		油料播种面积	粮食产量	油料产量	人均收入	牛存栏	羊只存栏	历年退耕还林
		水浇地		夏粮播种面积	秋粮播种面积							
单位	亩	亩	亩	亩	亩	亩	吨	吨	元	头	只	亩
柯庄村	8408	160	4283	1783	2500	1300	1043	78.0	7233	1200	1950	

项目	三、农村新型合作医疗	四、历年井窖	五、农田水利			六、劳务输出
			农渠清淤	畦田建设	集雨微灌	
单位	人	个	千米	亩	亩	人
柯庄村	1889	151		200	100	485

（十二）2017年

柯庄村有649户2237人。全村现有残疾人88人，五保户11户，低保户119户304人。2017年动态调整前，建档立卡户原有222户686人，年末全村建档立卡户194户685人。柯庄村主导产业是安格斯肉牛养殖业，约占村民人均可支配收入的40%。2017年底，人均纯收入8129元。

2017年全村共实施到户项目143户，新建圈棚177栋，新购肉牛258头，其中母牛135头，全村羊存栏1700余只。全村铡草机51台，建设青贮池2个。城区回购房安置7户38人。

2017年，柯庄村居民点安置39户135人，其中张家沟3户13人。柯庄村金融扶贫贷款125户483万元；开设电焊、抹灰、烹饪等劳动技能培训班各1班次，培训50余人次，并全部完成鉴定；危房改造75户（其中极度贫困和残疾户21户），阳光沐浴工程实施380户。

柯庄村新修硬化路4.3千米，新建漫水桥2座，完成本村主干道土基工程。

网络覆盖率达到100%。新建成100平方米村文化活动室1处，新建1000平方米文化广场1处。

柯庄村注册成立了养兔专业合作社，发展村集体经济。

原州区档案局为帮扶责任人购买3吨化肥。

（十三）2018年

柯庄村户籍人口654户2287人。有残疾人78人，其中张家沟5人。有低保户120户271人，其中张家沟12户24人。柯庄村因病因残致贫多，吃低保年限4~6年不等。五保户5户，建档立卡户203户721人，其中张家沟17户66人。

2018年3月，柯庄村产业扶持48户，购买基础母牛204头，补贴33.9万元；投资25万元，注册成立了养兔村集体经济专业合作社，有种兔160只，产幼崽482只，出售110只，收入6000元。截至年底，该村186户建档立卡户养牛811头，户均4.7头，其中张家沟有3户；109户非建档立卡户养牛578头，户均5.3头，在柯庄村唯独张家沟没有此类养殖户，这与前两期易地搬迁有很大关系。

2018年度，柯庄村建档立卡户种植冬小麦1435亩，其中张家沟150亩。

2018年，开城镇农业支持保护补贴（农资综合补贴）发放，柯庄村报旱地10338.11亩，得到补贴237776.53元，平均每亩23元。其中张家沟66户1973.09亩，户均29.9亩。2018年，开城镇柯庄村199户报草原禁牧5512亩，每亩7.5元，获得补助资金41340元。

2018年，柯庄村居民点安置26户85人，其中张家沟7户27人。城区回购房安置1户5人，实现建档立卡户危房改造全覆盖。

据2018年11月统计，柯庄村有65岁以上单双老户90户143人，包括享受政策扶贫的单双老户31户48人，其中张家沟有2户。下表中的“一般农户”即在政策帮扶下已经脱贫的老户，全村有3户。

截至2018年11月16日柯庄村享受政策扶贫的单双老户

序号	姓名	年龄	人数	与户主关系	自然村	贫困户属性
1	林茂芳	74	1	户主	一组	低保贫困户
2	王义忠	76	1	户主	一组	一般贫困户
3	马建英	71	1	户主	一组	低保贫困户
4	姬有福	75	2	户主	一组	低保贫困户
5	李生清	69	2	户主	一组	低保贫困户
6	林玉昌	75	2	户主	一组	低保贫困户
7	林玉生	73	2	户主	一组	一般贫困户
8	林茂虎	72	2	户主	一组	一般贫困户
9	海生财	69	1	户主	二组	低保贫困户
10	马德山	67	2	户主	二组	低保贫困户
11	王生贵	75	2	户主	二组	一般贫困户
12	妥金笔	76	2	户主	二组	低保贫困户
13	妥金付	70	2	户主	二组	低保贫困户
14	马进科	72	1	户主	三组	特困供养贫困户
15	海连发	75	1	户主	三组	一般农户
16	马进宝	81	2	户主	三组	低保贫困户
17	海生莲	76	1	户主	五组	一般贫困户
18	高生仓	86	1	户主	五组	一般贫困户
19	虎正梅	74	1	户主	五组	一般农户
20	马连花	71	1	户主	五组	特困供养户
21	杨如山	66	1	户主	五组	特困供养贫困户

续 表

序号	姓名	年龄	人数	与户主关系	自然村	贫困户属性
22	母养福	79	2	户主	五组	低保贫困户
23	高生贵	74	2	户主	五组	一般贫困户
24	杨如昌	75	2	户主	五组	一般贫困户
25	金保贵	70	2	户主	五组	一般贫困户
26	马福成	68	1	户主	六组	低保贫困户
27	丁德华	73	1	户主	六组	一般贫困户
28	马福林	75	2	户主	六组	低保贫困户
29	马吉昌	77	1	户主	七组	低保贫困户
30	金登毕	70	2	户主	七组	一般贫困户
31	海生金	71	2	户主	八组	一般农户

截至2018年底，柯庄村建档立卡户劳动力在宁夏以外就业的有19人，他们分布于北京、广州、福建、内蒙古、陕西、甘肃、新疆等地，从事艺术教练、武术教练、货运司机、装载机司机、装修工、石料工、瓦工、促销员、服务员和零工等工作。

2018年底，柯庄村有16岁以下儿童272人，其中张家沟21人。

2018年，柯庄村被确定为扶贫整村推进村，内容包括脱贫、易地搬迁、村道建设、美丽村庄建设、绿化等。

三、专题分析

（一）柯庄村人口受教育程度

柯庄村上一代以及上上一代劳动力超过90%为文盲，严重制约了柯庄村的发展。到2014年底，全村472户总人口2321人，常住户403户2016人，以第三代劳动力为主力军的劳动人口1635人。其中，文盲或半文盲的有670人，占劳动力总数的40.98％；小学、初中文化程度的有856人，占劳动力总数的52.35％；高中以上文化程度（含高中）的有109人，占劳动力总数的6.67％。劳动力文化程度偏低，观念落后，运用现代科学技术发展生产的能力极其有限。

例一：我们针对2018年统计的192户建档立卡贫困户的户主文化程度进行了分析：文盲或半文盲有93人，占48.4%；小学文化程度有83人，占43.2%；初中文化程度有15人，占7.8%；大专文化程度有1人，占0.5%。

例二：根据《2018年柯庄村动态调整后建档立卡贫困户名单》分析：在672人中，学龄前儿童18人，占2.68%；文盲或半文盲221人，占32.89%；小学文化程度有255人，占37.95%；初中文化程度有114人，占16.96%；高中文化程度有32人，占4.76%；大专及以上文化程度有30人，占4.46%。

加强基础教育，提高村民文化水平，是脱贫致富的基础。上述两例，我们用的同年度相同家庭的数字进行对比，尽管在贫困户中，文盲或半文盲比例、小学文化程度比例均在减少，初中文化程度、高中、大专及以上文化程度的比例也在大幅度增长。说明重视教育在我国已经形成全民共识，即便是西海固的农村贫困户，他们一方面在抓经济增加收入，另一方面也在抓对下一代的教育。“娃娃上学是大人们的希望，再苦再累也值得！”柯庄村村民说。

（二）柯庄村劳动力分布情况

从2017年的统计数据来看，柯庄村有劳动力1174人，大概是人口总数的一半。常年居家在外114户376人，劳动力218人，有劳动技能的12人。他们的去向：县内36户 、县外市内16户、市外自治区内20户、自治区外42户；他们所从事的行业分别为农业13户、工业8户、建筑业48户、服务业45户。另外的

956名劳动力中，留在本村562人，县内250人，县外市内39人，市外自治区内61人，自治区外44人，职业选择依然是以建筑业、服务业为主。

柯庄村农村劳动力“在土”“离土”情况调查统计汇总表

2017年7月27日

总户数（户）	家庭人口总数（人）	劳动力总人数（人）	有劳动技能总人数（人）	在土劳动力从事行业		离土劳动力去向			
				种植业（人）	养殖业（人）	县内（人）	县外市内（人）	市外自治区内（人）	自治区外（人）
649	2237	1174	205	334	228	250	39	61	44

离土劳动力从事行业				离土劳动力从业时间		常年居家在外总户数（户）
农业（人）	工业（人）	建筑业（人）	服务业（人）	6个月以下（人）	6个月及以上（人）	
51	28	184	123	203	179	114

（三）学校教育

柯庄小学民办转公办始于1974年，服务开城镇柯庄村。阳光校餐数据平台刊载：2018年，柯庄村适龄儿童入学率100%，学校1~6年级共6个教学班，在校学生79名。学校占地面积6500平方米，校舍建筑面积800平方米，生均约有校舍10.1平方米。学校建有计算机、多媒体、科学实验、体育器材、图书资料5个功能室。现有专任教师8人，特岗教师2人。

柯庄小学的前身是20世纪50年代初办起来的张家沟民办学校和海家庄民办学校，海连俊和马正江分别在两校任教。

1958—1959年，柯庄民办学校成立，海连俊任教。

1971年秋季，柯庄小学迁到前川里，马文林、虎玉林任教。1972年底，两位老师调往公社拖拉机站。海生乾、马自清老师到校任教。

20世纪80年代，针对柯庄村学校教育状况，有本人的两段日记体文字记录。

1984年7月27日（农历六月二十六） 星期二

今天到柯庄大队的柯家庄生产队找到柯具保大队长，本想请教“柯庄大队人口形势”和“怎样完善家庭联产承包责任制”问题，到了他家，见到柯队长后，我觉得此题目范围太大，讲不透彻，临时改作“柯庄大队党团员发展情况”。

全大队现有党员15人，一年中不定期过组织生活4次，内容主要有：学党章、学法规以及有关政策文件。老党员普遍工作踏实、积极肯干，新党员有些胆小、对学习不够重视。组织对党员的基本要求是人稳重，德行端正，必要时能起带头作用，关键时刻不起反作用。

关于团员的情况，柯队长说他不大了解，我提出找团支部书记林玉山，柯队长说他不在。接着，我又向柯队长请教了一些农业、教育方面的问题。关于柯庄小学学生减少的原因，柯队长说：包产到户后，实际是把“大而全”化成了“小而全”，每个家庭都分到了几十亩地（人均十亩左右），一两头牛或驴，还有羊只。柯庄大队是典型的广种薄收地区，收入不高，但劳动强度极大，劳动力不足，就把娃娃从学校叫回去了。

1984年8月26日（农历七月三十） 星期日 晴

一

开城乡柯庄村位于固原县之南，共有1430人（1982年）。高考制度恢复以来，考取中专2人，大学1人，初步打破了部分人头脑中的“念书无出路”观念。

暑假期间，我针对“小学教育的危机”作了调查。柯庄村有民办学校2所，在校学生21人，教师2人；公办学校1所，在校学生34人，教师5人。全村现有适龄儿童237人（1982年），就是说，4/5的适龄儿童未能入学，毫无疑问，这必然产生一代新文盲。

二

适龄儿童入学率低的原因，大致有这么几点：

第一，柯庄村三面环山，土地面积广，质量差，人均占有土地10亩，劳动强度非常大。从1980年实行家庭联产承包责任制至今近5年，全村没有一家是专业户或重点户，家家都有土地和家畜，经营规模小，样样俱全，机械化程度低，劳动力缺口大，成年人围着土地转远远不够，便将放牧家畜，递送相关生产资料、生活资料，甚至直接生产的任务转嫁到孩子身上。1983年，这个村又划分了自留山，从此，大群家畜无处放牧，使本来出钱让专人放牧的生产方式受到冲击，只得化整为零了。

第二，部分村民对读书认识不清。一些人认为，读书只有当了工人、干部、教师，拿上工资才算念成了。现实情况是70年代读书的那批人，念书念了十年八年，大多数还是没有考上，又不会干农活，上也上不去，下也下不来，把五谷白吃了，还不如早让他种地为好。还有一些人认为，他们人老祖辈都靠土地生活，种好土地是根本，前辈不认识字不是庄稼也长得很好嘛。

第三，柯庄村除了3名民办教师外，其余4人都是师范或短训班出来的，文化水平有待提高。学生少了，学校并没有采取有效措施，教师抱着等工资的目的，混一天算一天，学生一看到校也学不到什么知识，有的转学，有的干脆不念了。

30多年过去了，柯庄村教育历经风雨，村民文化程度显著提高，柯庄小学功不可没。然而，面对新时代出现的新问题，柯庄村人并没有做好充分准备，柯庄村教育又面临新的危机和挑战。

现将镇村干部于2018年底，就柯庄村学生辍学情况入户调查资料整理如下：

个案一：

基本情况：杨HX（非建档立卡户），女，15岁，家住柯庄村五组，原就读于固原四中，于2016年9月辍学赴新疆打工，家长多次劝其上学都被拒绝。

走访结果：她取得了初中毕业证，完成九年制义务教育。家长说她不愿意再入学，且态度坚决。

个案二：

基本情况：李XL（非建档立卡户），女，16岁，家住柯庄村一组，原就读于固原四中，于2018年9月辍学在家。经过走访了解到，李XL家里养牛7头，种地10余亩，多为麦子、玉米等作物。家中共6口人，有4个学生，李XL辍学后在家待着。经过两次劝说，家长表示支持孩子上学，但她本人不想上学。

走访结果：联系学校让学生就读。

个案三：

基本情况：王ZB，男，14岁，家住柯庄村二组，就读于固原三中，于2017年12月办理休学手续。经过走访了解到，王ZB因患病休学，复学时间是2018年12月4日。

走访结果：复学

个案四：

基本情况：王ZY，女，15岁，家住柯庄村二组，原就读于固原四中，2017年7月辍学后在家照顾奶奶。经过走访了解到，王ZY父亲出门在外多年未归，母亲也不知去向，她与奶奶相依为命，奶奶年迈，常年患病。王ZY奶奶说她没有能力供养孙女上学，但她非常希望孩子能够继续上学，王ZY本人也愿意回到学校继续上学。

走访结果：继续上学。

个案五：

基本情况：杨X（非建档立卡户），女，14岁，家住柯庄村一组，就读于固原四中，于2017年9月辍学在家。辍学原因是学习有困难，不愿意上学。经过与家长沟通，杨X有上学意愿。

走访结果：联系学校入学。

个案六：

基本情况：姬XM，女，14岁，家住柯庄村一组，原就读于固原四中，于2018年9月辍学在家。姬XM因患病（羊痫风）在家休息，她愿意重回课堂。

走访结果：联系学校，让其上学。

个案七：

基本情况：杨YY，女，16岁，家住柯庄村七组，原就读固原四中，于2017年9月辍学。经过走访了解到，杨YY家是建档立卡户，家中种地20亩左右，多种植玉米、麦子、胡麻，父亲平常打零工，经过了解，杨YY在大湾乡某一餐厅打工，不愿意就学。

走访结果：家长想联系学校办理毕业证。

个案八：

基本情况：马JH（非建档立卡户），女，15岁，家住柯庄村五组，原就读于固原四中，于2016年9月辍学，并在固原一家火锅店打工。

走访结果：学生现在已不愿意上学。

个案九：

基本情况：柯R，女，13岁，家住柯庄村一组，原就读于固原四中，于

2018年9月辍学。经过走访了解到，她的家人愿意支持她上学，但柯R不愿意回学校。

走访结果：学生不愿意上学。

（四）医疗卫生及其他

据2019年3月统计：柯庄村卫生室建筑面积80平方米，是标准化村级卫生室，配备村医两名。服务人口2287人。其中，65岁以上143人；高血压患者123人；糖尿病患者4人；精神病患者5人；1~4级残疾人84人。

开展的工作有签约服务、基本医疗、健康教育、预防接种、孕产妇管理、老年人健康管理、慢性病健康管理、计划生育等12类52项基本公共卫生服务项目。

（五）张家沟历史与现状

张家沟村名在《宣统新修固原州志》中已出现。

光绪六年（1880年）前后，当海养蛟带领两个弟弟及其家眷走进张家沟时，明家人已不知去向，但留有数孔残窑，他们就此安身立命，挖刺造地，发展生产。后来，马氏、明氏、金氏、杨氏、高氏、穆氏、于氏陆续迁入。

1951年，张家沟籍青年、中国人民志愿军战士海连森赴朝作战。

1958年，张家沟实行“一平二调”。一平是指在人民公社范围内把贫富拉平，搞平均分配；二调是指对生产队的生产资料、劳动力、产品以及其他财产无代价地上调。“一平二调”时期，张家沟大搬迁：海生发家和马吉祥家被搬到林家庄前川里；马俊英家和海连祥家被搬到里头院里；海生财家和海生荣家被搬到海家庄，后来海生荣家搬回张家沟并任队长，海生财一家定居海家庄。

1965年，设立“张家沟耕读学校”，马吉德任教师。

1967年，“张家沟耕读学校”关闭。

1971—1972年，张家沟村民海正瑞、杨克录等参加郭庙水库建设。

1972年，大旱，固原东山一带的畜群借场到张家沟放牧。

1973年，张家沟恢复种土豆，大获丰收。

1978年，海生荣老队长去世，享年47岁。

2013年，张家沟近30户村民迁往条件较好的原州区属三营镇。2014年，又有20余户村民搬迁到吴忠市红寺堡区。截至2019年底，张家沟有15户村民住进了柯庄村村民委员会周围的集中安置点。

目前，张家沟拥有1944.48亩耕地，持续存在了大约140年的张家沟自然村已经进入休养生息、恢复植被的状态，村民已基本迁出。张家沟自然村正在消失。

附：柯庄村《村规民约》

为打赢脱贫攻坚战，与全区同步实现小康社会凝聚正能量，建设文明、富裕、和谐的柯庄村，经党支部、村委会、村民代表大会讨论通过，特制定本村村规民约。

第一条　热爱祖国，热爱中国共产党，热爱集体，爱家乡，爱乡邻，学法懂法，遵守纪律，同一切违法犯罪行为作斗争。

第二条 爱护公共财物，不得损坏水利、交通、通讯、供电、供水、生产、休闲场所等公共设施，未经批准，不得私自安装用水用电设施，节约用水用电，严禁偷水偷电。

第三条　自觉维护社会秩序和公共安全，反对邪教，严禁黄赌毒。严禁扰乱公共秩序，阻碍公务人员执行公务。坚决配合职能部门打击地痞村霸，确保社会稳定和谐。

第四条　提倡社会主义精神文明，移风易俗。喜事新办，不铺张浪费，丧事从简，不搞陈规旧俗，不搞宗族派姓，反对家族主义，反对封建迷信及其他不文明行为，树立良好的社会风尚。

第五条 搞好公共卫生，美化村容村貌。做到人畜分离，垃圾不乱倒，粪土不乱堆，污水不乱流，柴草不乱放，房前屋后不积水，檐沟处处要疏通。

第六条 严格遵守土地政策。土地属国家、集体所有。村民所承包的责任田地，未经有关部门批准，不得作为非农业生产及建房使用，违者责令其复耕。农户未经村委会批准同意，不得私自乱开集体土地。已经开发开荒的，应无偿退还给村民小组。依法使用宅基地，服从镇村建房规划。村民建房必须本人提出申请，交村委会上报镇土管所审批后方可按规划建盖，严禁少批多建和不批就建。

第七条 自觉养路护路，维护村道畅通，不准在村道、主道边搭建违章建筑、堆放土、石、杂物，不准在路道上乱挖排水沟，不准在路肩上种植作物，侵占路面。

第八条 认真遵守户口管理规定，出生、死亡要及时申报；外来人员需要在本村短暂居住的应向村委会汇报，办理临时居住手续。

第九条 村民团结友爱，相互尊重，相互帮助，和睦相处，不打架斗殴，不诽谤他人，不造谣惑众，不拨弄是非，不仗势欺人，建立良好的邻里关系。

第十条 尊老爱幼，赡养父母，教育子女。

第十一条 本《村规民约》经村民会议讨论通过，于2017年7月1日开始实施，涉及的条款由村委会负责解释。未尽事项由村民会议另行讨论决定。

张家沟掠影

一、前河口

这里的前河口，包括了大河滩、前河口、前嘴梢、海家坟园、下河里、九道涧等。自古以来，这里就是进出张家沟唯一的比较平坦的通道。在山区，大多数村庄都是庄子在前，坟茔在里，而张家沟正好相反。1980年实行家庭联产承包责任制后，土地分配到户，部分农户为了耕种方便，在田间地头修建了住宅，于是，前河口一带有了人烟。

山　口（2006年9月）

大河滩风光（2016年8月）

清水河支流源头——大河滩黑泉（2017年8月）

大河滩黑泉，水质甘甜，清澈见底，汩汩流淌，长年不息。据传，解放军曾在此处饮骡马。

走张家沟的老路（2008年1月）

冬日的前河口（2016年2月）

洪荒河床（2016年2月）

巨型“8”字（2016年2月）

前　涧（2016年2月）

兄弟树（2016年2月）

河与路（2017年8月）

从九道涧远望前嘴梢（2017年1月）

九道涧沟垴“罐儿眼”（2017年1月）

下台穆家（2017年8月）

二、庄　子

庄子指东南向的阳洼部分，基本呈梯田状，大致可分为沟底、里头院、高头窑、梁顶四层。这是张家沟自然村的主体，前河口、下台上、前拐沟、对面洼、里拐沟、大台上、阳洼里的散居农户都是从这里逐渐迁移出去的。早期，农户集中居住于里头院一排，后来向上向下发展，沟底和高头窑也有人居住了，在张家沟八个姓氏中，于家迁入最晚，居住于梨树洼路之上的梁顶。

西看庄子（2017年8月）

眺望里庄（2017年8月）

当　庄（2016年7月）

冬日当庄（2008年1月）

从沟底到埃背梁（2008年2月）

看沟底（2004年4月）

草　垛（2004年4月）

九道涧杨家（2019年5月）

前庄人家（2011年8月）

高头一户（2014年10月）

金家门道（2016年7月）

张家沟清真寺大殿（2017年1月）

杨树园子（2015年5月）

雪后担水路（2008年1月）

水　泉（2008年1月）

里　沟（2001年1月）

张家沟篮球场（2016年7月）

三、民　居

张家沟主庄沟底是黑板土，往上由黄麻土逐渐过渡到黄土，土质坚硬，适合挖窑，故传统民居以窑洞为主，直到改革开放，有房的人家还是寥寥无几。沟底人家吃水近，可日照时间短；梁顶人家采光好，但挑水路曲折陡峭。1980年以后，土坯房逐年增加，后来出现了少量砖瓦房。2013年首批农户迁往三营镇时，大多数农户已有窑有房。

前头金家（2017年8月）

沟底金家（2017年8月）

前头杨家（2011年8月）

高头杨家（2017年8月）

杨家老院（2017年8月）

里拐沟海家（2017年1月）

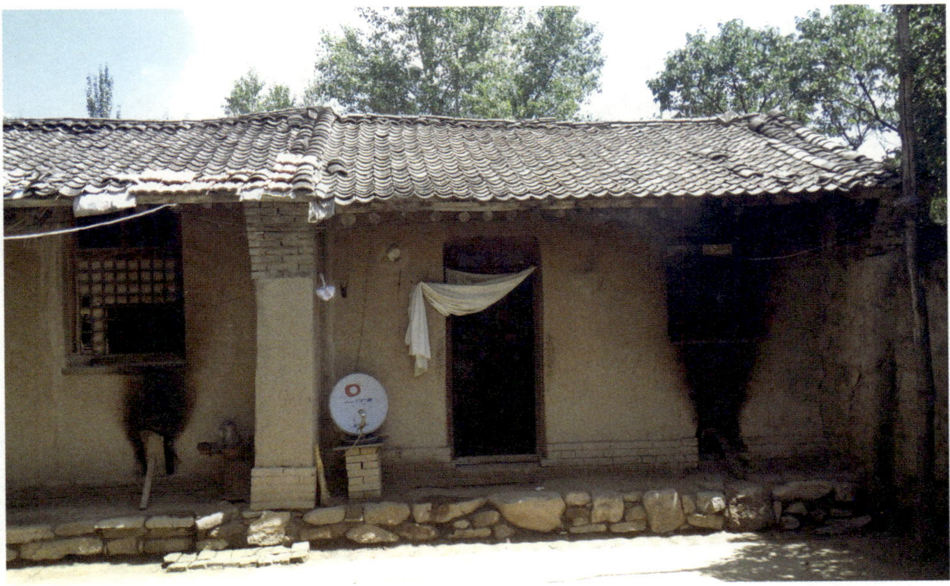

沟底海家小房（2016年7月）

沟底海家院子（2016年7月）

沟底海家大窑（2017年1月）

窑内陈设（一）（2007年8月）

窑内陈设（二）（2017年8月）

阳洼马家（2015年7月）

对面场海家（2017年8月）

沟底海家（2017年2月）

房码头砖雕（2017年1月）

花一样的年华（2007年8月）

四、前拐沟

张家沟的地理特点是沟含沟，沟套沟。与当庄子最近的两条沟分别叫前拐沟、里拐沟。1980年以前，前拐沟一直淌水，在羊圈坡洼下，有“水窝子”，即自然形成的水潭，牛羊吃草后在此处饮水。沟堖渗出的小溪越流越大，流到沟口，形成瀑布，威胁农户住宅，倒逼住户十分重视植树造林，有名的“马彪树园子”就是在这种情况下一年一年建成的。山顶的羊圈修建于20世纪70年代，羊圈下西边的土埃及其院子是一海姓人的地方，后举家迁入当庄；另一户海姓人于2000年以后迁出。

旱季的前拐沟（2016年7月）

山上海家遗址（2017年8月）

海家古窑洞（2017年1月）

穿山烟洞（2017年1月）

前拐沟垴（2015年7月）

泉水凝成冰（2017年1月）

结　冰（2017年1月）

山顶羊圈遗址（2016年7月）

孩　童（2016年7月）

沟里有水（2016年7月）

沟口有人家（2016年7月）

前拐沟底（2016年7月）

五、对面洼

对面洼指当庄子正对的阴洼，北为前拐沟，南界里拐沟，一条山路从河床通往对面梁。张家沟河弯弯曲曲，有宽有窄，加上两边河床总共有15米左右。

对面洼含荒梁盖子于内，东北临张家庄梁，西南接老庄梁，庙儿川里风光旖旎，香炉山雄姿尽收眼底。还可以遥望固原城、猴儿哑岔、老汉头洼、郭庙水库等；俯瞰簸箕湾、庙儿洼、前拐沟、里拐沟以及张家沟全景。黑刺森森，蒿草薇薇；野鸟鸣声啾啾，山鸡时起时落。这里是郭庙村与柯庄村的交界地带，两村群众生产生活互学互助，文化相互影响，交流交融。

对面洼与前拐沟（2018年6月）

日落对面洼（2016年2月）

西照时分（2016年7月）

纵　横（2004年4月）

冬日雪后（2008年1月）

沟底海家树林（一）（2019年5月）

沟底海家树林（二）（2016年8月）

沟底海家树林（三）（2019年5月）

沟底海家树林（四）（2007年8月）

夏收后的农田（2015年7月）

弧　圈（2019年5月）

厚　土（2007年8月）

茬　地（2015年7月）

小　憩（2017年8月）

遥望固原城（2015年7月）

夏秋交替（2015年7月）

庙儿川（2015年7月）

烧洋芋（2016年7月）

荒梁盖（2015年7月）

新推的土地（2007年8月）

遥望荒梁盖（2016年7月）

荒　梁（2007年8月）

六、瓦窑洼

里拐沟以南到细嘴子地带被称为瓦窑洼，因此处曾有瓦窑而得名。瓦窑创建于何时？不得而知，年长村民清楚地记得瓦窑的情况：瓦窑位于瓦窑洼路南的干嘴子上，距离河床约50米，门南向，窑坑并不大，呈罐状，瞩目可见黑黄色的墙体。站在瓦窑洼上，张家沟狭长的下庄里、阳洼里一目了然。瓦窑洼面西，土地集中，但并不肥沃。

夕照瓦窑洼（2016年2月）

面对瓦窑洼（2016年2月）

山沟里的孩子（2007年8月）

梯田层层（2016年7月）

天蓝地绿（2011年8月）

瓦窑洼风光（2017年8月）

玉米快熟了（2017年8月）

割胡麻（2011年8月）

七、上　河

按河道的分段来说，过了里拐沟沟口，就是上河，一直到浅沟沟口。阳面有李子树沟、爬爬树沟、三岔沟；阴面有细嘴子壕、水沟、老庄淌沟等。20世纪80年代以前，各沟都有溪水流出，汇入张家沟河。后来各沟干涸，唯有大台洼尚有泉眼，牧人在此堵一水潭，勉强维持畜群饮水。2000年后，泉水枯竭，人畜饮水危机。上河一带没有泉眼，没有溪流，没有河水。

上河地貌（2019年5月）

大台一带（2017年8月）

晨光熹微（2016年7月）

里拐沟底（2017年8月）

上河风光（2017年8月）

“人”字路（2016年7月）

回　望（2016年7月）

细嘴子梁（2016年7月）

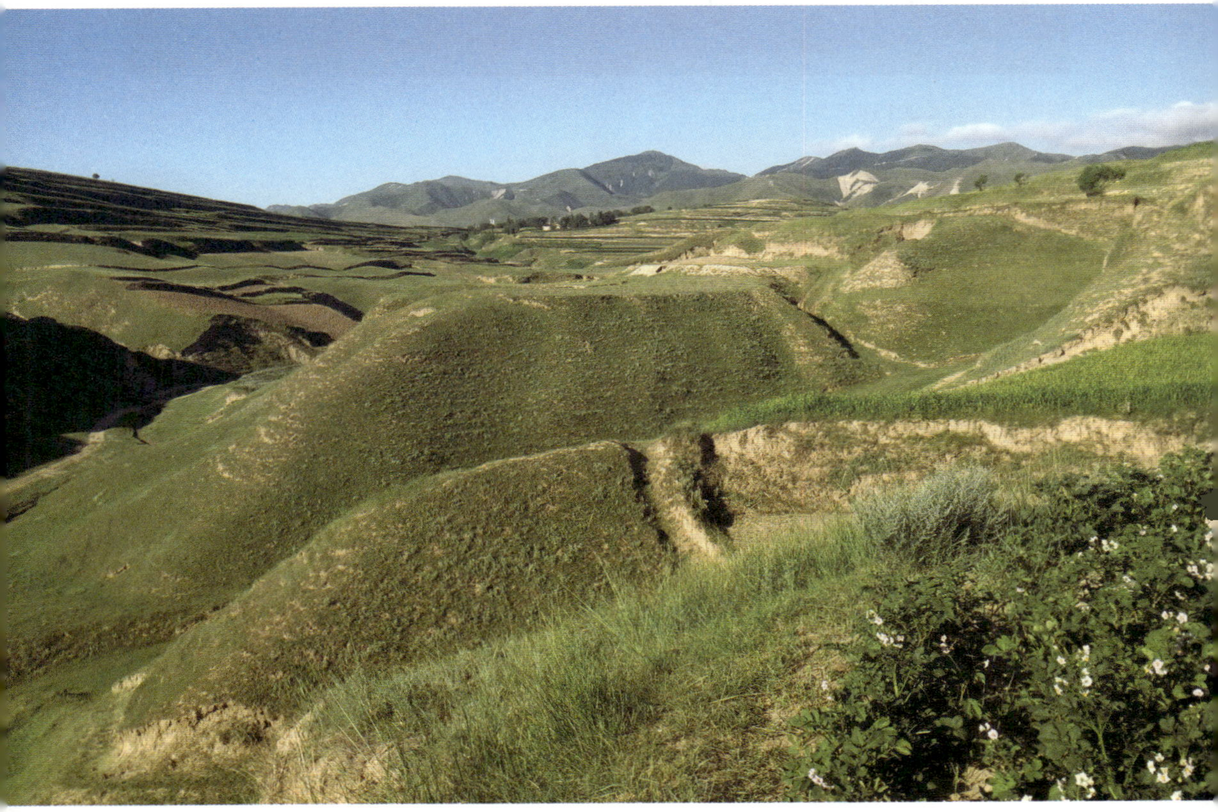

爬爬树沟一带（2016年7月）

狼尾巴嘴嘴（2015年5月）

水沟口（2017年1月）

路通刘家老庄（2007年8月）

断　流（2007年8月）

三岔沟大埃（2016年7月）

三岔沟中沟（2015年7月）

三岔沟崖（2007年8月）

荒台子下（2016年7月）

老庄淌沟旁（2007年8月）

放羊娃（2017年8月）

八、阳洼里

阳洼土地比阴洼土地质量好得多，阳洼里集中了张家沟自然村最优质的土地，包括骆驼脖子、毛桃树洼、切刀把子、四亩台台、狼尾巴嘴嘴、大台上、阳洼涧等。有名的阳洼路一架子车宽，大约修于1966年，从当庄蜿蜒而上，一直通到柯家庄梁。

阳洼风光（2017年8月）

蜿蜒阳洼路（2017年8月）

老院下（2017年5月）

海家老院（一）（2017年8月）

海家老院（二）（2017年5月）

老柳树（2017年5月）

老院路（2015年7月）

马家阳洼（2017年8月）

故　土（2017年8月）

坟园滩（2018年6月）

担水台台子（2015年7月）

担水洼洼子（2007年8月）

李子树沟沟子（2015年7月）

大坎子（2007年8月）

切刀把子地头（2015年7月）

马家埃背（2017年8月）

羊圈梁（2017年8月）

最远农户（2017年8月）

土豆地（2015年7月）

四亩台台子（2016年7月）

土鸡养殖（2016年7月）

霰（2014年10月）

九、后梁河

后梁河发源于柯家庄，是清水河的另一支源头，流到前河口处与张家沟河、海家庄河汇合成柯庄河，一起注入大马庄水库。后梁河是柯庄内河。深秋时节，河水结冰泛滥，过河困难；春天，残雪消融，冰面酥松，过河亦困难。夏秋季节，山洪暴发，后梁河险象环生，柯庄小学的老师只好背着学生过河。20世纪80年代后，降雨量减少，河床干涸，山洪再没有暴发。现在，旅游环线的后梁河大桥接通东西，人们再也不会为过河犯愁了。

山川之间（2009年7月）

残　雪（2016年2月）

后梁河地貌（2017年1月）

埃背梁上（2011年8月）

薄庄稼（2011年8月）

拉尔沟嘴（2017年8月）

大沟圈（2016年7月）

穿越埃背梁的上学路（2017年1月）

上学路上的上学娃（2017年1月）

上学新路（2016年2月）

大埃下（2016年2月）

冰　河（2016年2月）

十、柯家庄梁

柯家庄梁一带视野开阔，俯瞰大沟垴风光，抬眼便是老汉头洼。柯家庄、海家庄、马家庄、林家庄村容尽收眼底，木头栈道，柯庄水库，都是很好的观景点。柯家庄梁是种植、养殖区域。多年来，它是张家沟人翻山越岭前往山根三个队（柯家庄、海家庄、马家庄）的必经之路，交通状况非常不好。2019年10月，六盘山旅游公路正式通车，天堑变通途，南达开城、大湾、六盘山，北通固原、同心，去银川。

柯家庄自然村（一）（2018年6月）

柯家庄自然村（二）（2018年6月）

柯庄水库（2017年1月）

早　春（2016年2月）

林家庄自然村（2009年7月）

观摩路（2008年7月）

海家庄自然村（2009年7月）

闲　云（2011年8月）

沟分两叉，呈“丫”字形（2009年7月）

观光驿站（2020年8月）

黄米干饭花（2018年6月）

紫花苜蓿（2018年6月）

红豆草（2018年6月）

十一、大沟堖

大沟堖地区沟壑纵横，以阳洼16条大沟为特色，出名的有头道沟、四道沟城墙、十四道沟城墙，柯家庄羊圈、堡子梁等；阴洼的沟相对少些，以瓢儿沟、椒蒿沟、水沟最为有名。大沟堖形貌酷似恐龙之尾，民间有传说：恐龙在地面上打了一尾巴，腾空而起，化作群峰，名叫“翔龙山”（谐音香炉山）。大沟堖地形独特，洼地、台地均有，除了张家沟人的土地外，相比邻的柯家庄和隶属于郭庙村的刘家老庄人的土地也在这里。

远观大沟堖（2017年8月）

浅　沟（2007年8月）

浅沟薄雪（2016年2月）

浅沟口（2007年8月）

庄稼地（2011年8月）

冬季大沟垴（2017年1月）

神秘的大山（2017年1月）

影（2017年8月）

大沟堖沟前部（2018年6月）

第四道沟：残破的“城墙”（2007年8月）

沟　底（2015年7月）

沟含沟（2015年7月）

款冬花（2015年7月）

第八道沟（2015年7月）

第十三道沟（2018年6月）

第十四道沟（“城墙”南）（2016年7月）

“城　墙”（2015年7月）

“城墙”根（2016年7月）

“城墙”西（2018年6月）

从第十二道沟看“城墙”（2016年7月）

“城墙”魅影（2007年8月）

土锥（一）（2015年7月）

土锥（二）（2007年8月）

土锥（三）（2007年8月）

土锥（四）（2007年8月）

土锥（五）（2007年8月）

恐龙尾印（2007年8月）

严阵以待（2016年7月）

万　壑（2007年8月）

瓢儿沟沟口（2015年7月）

远眺瓢儿沟（2016年7月）

驼　峰（2018年6月）

仙人脚趾（2018年6月）

双　崖（2015年7月）

千　沟（2015年7月）

土　崖（2007年8月）

万仞悬崖（2015年7月）

黑刺成林（2017年8月）

大沟垴地貌（2017年8月）

大沟堖之堖（2007年8月）

余　晖（2007年8月）

童　年（2007年8月）

十二、老汉头洼

老汉头洼属于大山，正对柯家庄梁。目前已实行封山育林，它是柯庄、郭庙一带农民增加收入的宝地，每年春天，嫩绿的蕨菜都会吸引众多采摘者。改革开放以前，老汉头洼是这一带农户的燃料供应地，麻条子、乎尔秆、椒蒿都是烧火的好柴火。壮劳力一天可背回两捆，一般人也能背回一捆。难度不在割，也不在背，而是在于过砂石岗岗子。砂石岗岗子宽约20米，倾角近45°，无路，风化了的砂粒犹如珠子。野山怪风忽大忽小，忽吹忽停。背上一捆柴火，宽度是人的三倍，受风面积大，过砂石岗岗子极其危险，一股山风，脚下一打滑，就会连人带柴滚下山崖。

给心灵放个假（2018年6月）

洪　沟（2018年6月）

梦之伤（2018年6月）

刘家老庄（2018年6月）

人工林（2018年6月）

寂　静（2018年6月）

沟　梁（2018年6月）

风化岩（2018年6月）

环山旅游路（2018年6月）

保护分界（2018年6月）

曾经的岁月：砂石岗岗子（2018年6月）

深　渊（2018年6月）

砂砾溜道（2018年6月）

十三、香炉山

香炉山海拔2825米，源于秦岭，属于陇山山脉，是固原境内的次高峰。其东有妥家山、北家山；南界石窑沟、莲花沟；西横麻地梁、炮台梁；北临猴儿哑岔、凤凰岭。登上香炉山，一脚踏两镇：东有古开城，西是新张易，闻名遐迩。它还是张家沟一带群众的晴雨表，民谚说："香炉山戴帽，必有雨水到。"因为香炉山高，湿度大，故被称为"固原水塔"。降雨前夕，蒸腾而起的水汽与冷空气相遇，凝结成雾霰，汇集于香炉山顶，形成"帽"样。冬日的香炉山，或银装素裹或素面朝天，冷静，沉稳，一副与世无争的样子。夏秋季节，站在香炉山顶，放眼望去，金色的麦子、碧绿的土豆、粉色的荞麦连片成畦，宛如层层叠叠彩色华服穿在山野之上，一片绚烂。

荒梁眺望（2015年7月）

仰望高山（2008年1月）

年　轮（2016年2月）

张家沟段（2011年8月）

柯家庄段（2008年1月）

海家庄段（2009年7月）

海家庄水沟（2009年7月）

主峰下（2007年8月）

窝子旁（2017年8月）

葳　蕤（2016年7月）

车　辙（2007年8月）

主峰东（2017年8月）

主峰北（2016年7月）

林与砂（2007年8月）

花与林（2007年8月）

主峰东坡（2016年7月）

山之眼（2016年7月）

山　间（2016年7月）

攀登（一）（2007年8月）

攀登（二）（2016年7月）

攀登（三）（2016年7月）

攀登（四）（2016年7月）

眺　望（2016年7月）

人工林木（2016年7月）

群峰妩媚（2007年8月）

雾在山中（2015年1月）

植被盖子（2015年1月）

并非主峰（2007年8月）

开城方向（2016年7月）

冬季在主峰上（2015年1月）

夏日在主峰上（2007年8月）

莲花峰（一）（2007年8月）

莲花峰（二）（2016年7月）

莲花峰（三）（2016年7月）

山之西（一）（2016年7月）

山之西（二）（2016年7月）

田　园（2016年7月）

主峰西的水泥蓄水池（2007年8月）

主峰看张家沟（2016年7月）

主峰望固原（2016年7月）

近　景（2016年7月）

山雨欲来（2007年8月）

雪　雾（2015年1月）

登顶归来（2015年1月）

取次花丛（2007年8月）

仰望主峰（2016年8月）

主峰东南坡（2016年7月）

松树林（2016年7月）

松　树（2016年7月）

植物（一）（2007年8月）

植物（二）（2016年7月）

植物（三）（2007年8月）

植物（四）（2016年7月）

植物（五）（2016年7月）

柴胡花（2007年8月）

红蘑菇（2017年8月）

香炉山窝子石羊（2016年7月）

观　察（2017年8月）

香炉山原石（2015年1月）

十四、文物古币

张家沟最大的历史之谜是有众多的无主无名坟园：阳洼里的坟园滩，前涧的坟园地，前咀梢的坟园洼。生产队时期，土地缺少肥料，杨家户的堡子墙全张家沟人拆了好几年，院子里挖出来的大青砖也被农户砌在了自家墙上。堡子周围的土地里时常有成坛子的银元、铜板、麻钱等被挖出。1949年8月1日，陇东追击战期间，解放军六十四军解放固原，张家沟是局部指挥部。目前，有少量军队借用过物品尚可以找到。

1949年8月1日，陇东追击战任山河战斗期间，解放军首长与海连珍阿訇谈话遗址（2019年8月）

金登科上房门（1949年8月1日起，金登科上房为解放军某部临时指挥部）（2019年8月）

金登科上房里的木椅（2019年8月）

海家砚台（2020年10月）

苦豆草罐罐（使用于20世纪50—70年代）（2016年）

铜鞋拔子

海家马镫

马吉昌老人收藏的解放军用过的榆木大案板（140cm×74cm，重55斤）（2019年7月）

木工工具（2019年11月）

饸络床子底扇，上扇已失（2015年）

布　币

雍正通宝等（2003年出土于张家沟）

钱　币（2003年出土于张家沟）

崇宁通宝（村民收藏）

孙小头（村民收藏）

袁大头（村民收藏）

川　币（村民收藏）

四川铜币（村民收藏）

甘肃铜币（村民收藏）

十五、新生活

张家沟自然村搬迁户一分为三，分别在原州区开城镇柯庄村安置点、三营镇广和村安置点和红寺堡区新庄集乡新集村安置点。沟里建起了上下两个鸡场，只有少量土地仍在耕种，大多数土地正处在恢复植被状态。干涸多年的张家沟河有了两尺宽的水流，多条支沟里渗出涓涓溪水。迁出的村民不再为温饱、走路、吃水犯难，他们发自肺腑的声音是：“共产党想方设法让农民富裕起来，过上好日子。”

穿村而过的六盘山旅游公路（2020年8月）

后梁河大桥（2020年10月）

阳洼梁旅游驿站（2020年8月）

上养鸡场（2020年10月）

下养鸡场（2020年10月）

养鸡脱贫车间（2020年10月）

养牛场（2020年10月）

开城镇柯庄村安置点（2020年10月）

文化体育设施（2020年10月）

村　巷（2020年10月）

院　落（2020年10月）

村民家中（2020年10月）

三营镇广和村安置点（2020年10月）

聊　天（2020年10月）

收　获（2020年10月）

幸　福（2020年10月）

罗山下安置点新集村（2020年10月）

大门前（2020年10月）

新　居（2020年10月）

兄　弟（2020年10月）

晒萝卜干（2020年10月）

附　录：

猴儿牙岔峰

海正忠

猴儿牙岔（今地图标为猴儿哑岔）峰位于固原市原州区境内，群峰连绵，异峰突起，呈锥状耸立。东瞰柯庄村，南望凤凰岭和香炉山，西邻西海子，北有海子峡。

猴儿牙岔峰

《固原县志·地理志》载："猴儿牙岔为险形。宜先居高阳以待敌，曰险邑之。猴儿牙岔，距县西南三十里，北彭家庄，南沙壑岘，东接尖壑子，西临西海子。丛岩交互，危峰突兀如锯齿，石坂陡绝如羊肠，乱石硌磋，渊壑裀復，攀高临深，不可狎视，是为险形，阻难之形也。"

猴儿牙岔峰一带，山势险要，地形复杂，自古具有军事战略价值。《固原县志·地理志》（民国）："况牛营、青石嘴、开城，俱有山径沟路，东可趋进城之东山畔，西可绕进城之西山麓，北可越过香炉山而直扑县城。往往封海子峡而防西南来之敌，而敌忽由猴儿牙岔、尖壑子长驱而下矣。"

据柯庄村村民讲述，解放前的一日，固原地区阴雨绵绵，猴儿牙岔峰云雾缭绕，一架国民党的飞机在此撞毁，马鸿逵部队及部分村民参加了抢险救援。村民还说，马家兵在猴儿牙岔峰下修有防御工事——地道。修建的时候，征役村民运砖，因山路极其难走，一头骡子只驮四块砖，走到指定地点往往大汗淋漓，透湿鞍被。新中国成立后，附近村民把地道口的砖及其他遗留物资都拿去用了，致使洞口坍塌，形成土坑。

《（宣统）新修固原直隶州志》卷六载，猴儿牙岔峰一带被划分给"提标中营参将"① 作牧马厂（场）。原文说："按马厂以实边圉② 也。固原山深草丰，本游牧所。至豆壮节③ 公任提督时，疏请建置于是，大为蕃息④。兵燹后，仅存故址。当轴者⑤ 其加意讲求，庶⑥ 有以实边圉欤。"

---

① 提标中营参将：清制，各省提督直辖的绿营官兵，称为"提标"。凡提标均置中军参将一员，主掌全标营务。参将的副职为游击，游击以下有都司，都司以下就是守备，正五品武官。

② 圉 yǔ：养马场。

③ 豆壮节：豆斌（？—1759），谥壮节，固原人。从乾隆八年始，曾两度任固原提督。

④ 蕃息：繁盛生长。

⑤ 当轴者：当权者。

⑥ 庶：庶民。

“提标中营参将马厂在土窑子，距城二十五里，东至马髦山[①]，西至龙鼻子滩，南至猴儿牙岔，北至石寺儿为界。”

提督，全称为提督军务总兵官，为武职官名，负责统辖一省陆路或水路官兵。提督通常为清朝各省绿营最高主管官，官阶从一品，称得上封疆大吏。我们从上文中可以看出，固原籍官员豆斌地位显赫，他在乾隆年间曾两次出任固原提督，任职期间上奏朝廷在山深草丰，自古以来就是游牧地区的固原设立了马场，从此，固原一带的畜牧业更加繁荣。当初，修建马场的初衷是为了在移民实边大政策下，发展养殖业，以满足边防的需要，可惜在同治年间西北动乱后，只剩下遗存。

固原一带分布着大小不等的六个马场，至今遗留有“东马场村”和“西马场村”。离城最近的是提标后营游击马场，距城22里，它的东边是中营马场，西边靠大山，南至红庄子，北到磨河庄；最远的是提标右营游击的东山坡马场，距城120里，南边与泾源为界，北端连到黑刺沟。提标中营参将的马场在土窑子，距城25里，南倚猴儿牙岔峰，西靠后营游击马场。根据纵横坐标判断，现在的柯庄村就包含在中营参将的马场范围内。据老人们讲，柯庄村七组张家沟曾用名“牧场沟”，就是一个很好的例证。

① 马髦山：也叫马髦岭，位于原州区西南二十里处。《嘉靖固原州志·卷一·山川》《万历固原州志·地理志第一·山川》和《乾隆甘志·卷五·山川》均写作“四十里”。依据猴儿牙岔离县城三十里来判断，马髦山离城二十里应该是正确的。

地道残砖

我的叔叔海生荣

海正忠

翻阅《家族史》手稿，我的五爷爷名下写着："二子海生荣是共产党员，曾当生产队队长多年，工作能力很强，但不识字。因病亡故。"又说："海生荣是共产党员，曾任本队队长，于1975年因病去世。"（作者注：应于1978年因病去世。）

按照《家族史》记载，我们这支海姓祖籍是彭阳县孟塬乡，清同治年间，被安排在甘肃省张家川，以农为业。由于当地人多地少，加上年荒严重，数年后，又迁至固原枯井儿。后来，看到固原柯庄张家沟这个地方黑刺成林，可以卖刺度日，先祖便又搬到此处落户。日子久了，人也就多了，到我叔叔辈已历经四代。

我叔叔属羊，生于1931年，1978年去世，享年47岁。送葬那天的情形，我还依稀记得：天空湛蓝，阳光明媚，天气好像不冷。人们用一块门板把苫着洁白布单的叔叔抬放到场上，场上铺着一层麦草，葬礼后，人们还是用那块门板把叔叔抬到了坟地。

那时，我正在上初中，头脑简单，只把人分为好人和坏人，叔叔当生产队队长多年，我听到太多地数落他的话，于是，我就认为叔叔是个坏人。他去世了，望着空荡荡的场院，我才感到一种失落，一种沉重。

人死百事了，很多去世的人，我都慢慢地把他们淡忘了。可是，随着我年龄的增长，我叔叔海生荣在我心目中的形象却越加鲜明起来。

从我记事起，我叔叔就是生产队队长。我们那个队是宁夏固原县开城乡柯庄村张家沟生产组，那时一直叫开城公社柯庄大队，张家沟是第七生产队。出了固原城沿银平公路向南10千米，往西一拐，再向南一伸脚就到了，那里是个山圪崂，可我总觉得它有点像人的胳肢窝，进去是个死角，一般没有外人来，信息闭塞，观念落后。但是，生态环境保护得比较好，登上墩墩梁，庙儿川里的无限风情可尽收眼底，神秘的香炉山青翠欲滴，条条梯田彩带一般，如诗如画，如梦如幻。这里是清水河的一条支流，山上的树长得高，草也长得高，还有许多野鸟。

那个年代，生产队队长是没有人愿意当的，受苦受累不说，还要受气受冤。我叔叔是共产党员，我们村就他一个人是党员，这队长的担子自然落到了他的肩上。

我那时没能理解他，我想，还有许多人都不能理解他。他留给我的记忆是那么的单调：脸色灰黑，永远地戴着一顶有油污的扇扇帽，披着一件半新的蓝色上衣，不是蹲在阳洼的坎子沿上，就是蹲在阴洼的坎子沿上，孤独地抽着他自己卷的烟。他的声音我记不大清了，应该是洪亮的吧，因为那时出工上哪座山，都是队长先上到半山腰，然后喊："上工了——唉！"众社员才扛上家伙从沟沟岔岔走出来，尾随而去。后来，公社建了广播站，家家户户都安上了喇叭碗，叔叔便开始在广播上安排生产，这个我仔细听过，印象较深，张三干什么，李四干什么，安排得有条不紊。有时，如果安排某人单独去完成某项重要任务，他就反复说："喂！张三你听到没有？你听到没有？"安排停当以后，他依旧率先上山，边走边喊，众社员尾随而去。

在那样的背景下，一名队长就是一个生产队的旗帜，一面实实在在的旗帜，一面平凡中不平凡的旗帜。

我叔叔没有上过一天学，由于家境贫寒，他很小时就开始打短工扛长工，吃尽了苦头。他的忆苦思甜报告感人肺腑，催人泪下，感染了柯庄小学一届又一届学生。他很喜欢学生，见了我们就说："你碎熊（小孩子）要好好念书呢！"到了寒暑假，他就把我们叫去，分派些抄写算账之类的活，既轻松又高工分。我还记得他多次在会上讲妇女同志如何辛苦、如何不容易之类的，现在想来，仍具有现实意义。

至于他是什么时候加入党组织的，我没有查过档案，不敢胡说，我想，最晚应该在20世纪60年代末吧。

20世纪的最后一个冬天，宁夏川区片雪皆无，山区却是白雪皑皑。我带着孩子爬上张家沟的山梁，拍了许多照片，静观这个村子，树木多了，房屋也多了，几股银线横穿南北，把幸福送到家家户户。此情此景，不由得让我想起了那在这个村当了多年队长，平凡得如草芥一般的海生荣叔叔，他是我心目中真正的共产党员。

2002年·春

那年，他种下六棵树

海正忠

听说天堂里没有严寒，没有酷暑，没有饥肠辘辘的日子。

——题记

我记得十分清楚，那是杏树叶儿最浓最绿的季节，红芒麦已经开镰了，大片的庄稼还没有成熟。在庄户人似水一般的光阴里，这一年与以往有些不同，除了自春天延续而来的干旱以外，还有一个恶魔（疾病）一直在庄子上肆意横行，短短的三个月里，已经夺去了四个孩子的性命。人们惊恐，人们祈祷，人们四处奔走寻医。石斯儿就是这四个孩子中的一个，那年，他刚满11岁。

20世纪70年代的最后一年，山外面的事情犹如天方夜谭。庄子上依然以队长为旗帜，上工下工，下工又上工。白天我们在山洼里劳动，夜晚我们分散到四邻八舍去睡觉，因为家里只有两盘火炕。农历六月十三日凌晨两三时许，我正在羊房子里酣睡，被一阵急促地打门声惊醒，是二哥在叫我，他说石斯儿冰了，让我给他做伴去山梁那边找医生。我急忙穿好衣服，摸了根放羊棍就出发了。

夜凉如水，月光似银。我们翻过埃背梁过了河，刚走到林家庄川里，就听到身后的山梁上有人呼喊。二哥应了一声，山梁上的人说让我们回去。我很疑惑地跟在二哥身后往回走，到了杨树园子，一阵哭泣声传来，二哥叹了一口气，急步回家。煤油灯下，人影绰绰。二哥把门板卸下来放到窑地上，然后把石斯儿抱上去，盖上洁白的布单。

家里人说石斯儿去世了，我有些不相信，便到庄子上转，这时天已大亮，只见人们都往我家走，我才意识到情况的确不妙，便赶紧回家。对面场里的四爷拄着拐棍也来了，他踉踉跄跄地撞进大门，仰面说："为什么是我的孙子，咋不是我呢？！"号啕一声，跌倒在地。

石斯儿比我小六岁，今年是他的本年，如果他还活着，应该有36岁了。我无数次地和他在梦境里相遇，也早就想为他写点文字，可又觉得事情都很细小，便就一日一日地拖了下来。仔细想想，对于一个仅有11年生命的孩子来说，又能期望他做什么大事情呢？

在城市的家里，我把思绪整理了几遍，总觉得不踏实，便背上行囊来到老家。骤雨初歇，退耕还林还草后的柯庄山梁青翠欲滴，远眺六盘山余峰，巍峨连绵。在如此恬静而忧郁的环境中，我开始一点一点地寻找石斯儿。

我依稀记得他：鹅蛋形的脸是那样的干净，毛茸茸的头发，毛毛的眼睛，额头宽阔而光亮，他的左眼眉梢处有一小块柳叶状的黑色印记，那是我们玩耍时受伤留下来的。夏天，他是一个普通放牛娃的形象。太阳照到杨树园子，草尖上还结着亮晶晶的露水，这是石斯儿赶牛进山的时间。他挽着裤腿，赤着脚，把一群哞哞乱叫的牛娃子赶上山。太阳升得老高的时候，他又把从各个山坡洼里卸下来的牛妈妈聚集起来，叫它们母子团聚——牛娃子吃奶，牛妈妈吃草。此刻，石斯儿已经饥肠辘辘，可他吃饭的时间还在午后的一两点钟。有时，他饥渴难忍，便将牛群赶到河滩上，急急地跑回家，亮晶晶的额头上冒着汗珠，手上拿着放牛棍，小脚板上粘着泥巴。他来不及放下棍子，咕嘟咕嘟地喝上一马勺凉水，又急急地走了。我记不清他在冬季里的样子，似乎老戴一顶淡蓝色的脑包[①]，好像也铲雪，好像也抬水。

那时候许多人认为上学是一件美事，他们说："学生娃娃坐在凉房房子里品'死'了。"然而，上学的娃娃并不多。石斯儿是在什么情况下上的学，我记不起来了。我只记得他学习刻苦，成绩优异，字写得又大又方。翻阅1982年元月某日的日记，其中有这样一段话，算是有关石斯儿最早的文字记录："他（石斯儿）的离去使我悲痛欲绝，我真不该因为他卖掉两个马钎[②]而打他，我真不该因为他年龄小而制止他歌唱，我真不该因为忙而不给他包书皮。"

他在学校是经常受老师表扬的好孩子。可是当他回到家时，脸蛋上常常带着泪痕，有人问起，他便说是风吹的，母亲将信将疑。那是一个饥饿啮噬人体的年代，家长们或许因为忙，或许因为别的什么，总之一直没有关注此事。直到石斯儿去世以后，我才从他的同学口中得知：在放学回家的路上，几个高个子同学老伏击他们，石斯儿跑不快就落入对方手中，他们让他把自己背上山。大人们往往不愿介入孩子间的纠纷，可孩子间的纠纷有时会演变成剧烈风暴，以致扭曲心灵。

石斯儿很善良，从来不欺负别的小朋友，即使有人欺负他，他那攥起来的小拳头总也打不出去。我和尔迈妈说起石斯儿，她至今记着这样一件事：娃娃们都在河道里玩耍，忽然山洪下来了，大家纷纷往山坡上跑，唯有小尔迈落在河道里，跑在前面的石斯儿又返回去，背起小尔迈刚刚离开河道，洪水的峰头就像野马似的冲了过来。讲起此事，尔迈妈泣不成声，泪水如断线的珠子。

关于石斯儿去世的事，尔迈妈说是"柴胡过敏"，这和我的记忆差不多。在我的脑海里至今还存有一个大大的疑问，我记得石斯儿先是发着高烧（41

---

① 脑包：棉帽。
② 马钎：铁制的"]"形建筑材料，常用来固定担、梁、檩等。

度），下午二哥给他打了一针柴胡，说是为了降温，到了晚上他就冰了。柴胡是大队医疗站的医生开的，因为二哥当过医生，便让他代劳了。夜里，二哥和我往山梁那边去是想去找医生再买点升温的药……二十五年来，“柴胡降温”犹如影子一般，拂之不去。

石斯儿走后，家里几经变迁，我找不到任何他的遗物，就连他的一个作业本也毫无踪迹。顶着淅淅沥沥的雨丝，我走近六棵树，静静地肃立在树下，思绪万千。那时，我们一面绞尽脑汁地寻觅食物填充肠胃，一面翻山越岭去读书以求走出贫困，能使二者兼顾的则是上学路上的青果和野菜。梨树洼的悬崖上长着一棵宛如盆景般的老梨树，梨木脆，谁也不敢爬到树梢上去，我们只好站在崖下往上扔土块，偶尔打中了会掉下一个核桃大小的铁蛋梨来。杏子是我们比较常见的水果，但我们家没有杏树，石斯儿的同学家有，而且还有一棵甜核儿杏树。石斯儿去世的前一年，被称为“麦黄杏”的甜胡子与红芒麦一样早早地熟了。有一天，我正在门沿下的园子里翻地，石斯儿从同学家回来，笑嘻嘻的，他说他有一棵甜杏核儿，把它种上长大了我们也就有甜核儿杏吃了。于是，我随手在园子的拐角处挖了一个坑，让他撂杏核儿，可他从口袋里摸出一把来全都丢了进去。第二年春天，坑里长出来六棵小树，一棵是李子树，五棵是杏树。我想太挤了谁也长不大，便把它们一棵一棵地分开栽成一排。到了红芒麦开镰的季节，六棵小树长势喜人，可谁能想到石斯儿却去世了。父亲说这六棵树是石斯儿留下的念想，大家都要爱护它。

不几年，六棵树就挂果了。这时，我们才知道没有移动的那一棵就是甜核儿杏树，移栽的四棵均是苦核儿杏树。在父亲的精心培育下，六棵树长得枝繁叶茂，郁郁葱葱。父亲常教育孙子们说：“果子青的时候，你们不要糟蹋它；等果子黄了，你们吃，你们也可以送给别的娃娃吃。”父亲照料它们23年，直到老人家离世。

看丝丝细雨，仰望如亭如盖的六棵树，树上已累累果实，可谁也不忍心去打摘它们，任凭那些熟透了的果子自由自在下落。二十多年来，这六棵树又孕育了多少新的生命，谁也说不清楚。放眼柯庄村，山坡洼里杏林成片，许多人家产的杏子成了俏销的商品。

啊——六棵树，你不正是石斯儿生命的延续吗！

2004·夏

原载于中共银川市委宣传部讲师团编《阅读与推荐》(第七集)

大沟堖——我的少年时代

海正明

我生于张家沟，长于张家沟。童年时期，我跟随大人们在大沟堖里劳作：寻柴火、放牛羊……那里，珍藏了我童年、少年时代的许多许多故事。

——题记

大沟堖是张家沟自然村的内沟，长约2千米，宽约1千米，沟的两侧又有20多条侧沟，侧沟内又有侧沟，沟含沟，沟套沟，沟沟相连，错落有致，只是形状不同，大小不一，深浅有别，生长的植物各异。沟与沟之间的山梁，有的像驼峰，有的像利剑，有的像鱼叉，特别是那座“城墙”，竟有5米多高，它耸立在陡壁上，就像一头直立起来的熊瞎子。

张家沟位于银平公路固原二十里铺段西南侧，隶属于开城镇柯庄村，有农户近50家。沿银平公路南行至二十里铺，西北方向上的大马庄完全可以掩人耳目，使人想不到庄子的南面别有洞天。从大马庄南面的山口进去，十里峡谷，山川相济，便是柯庄村了，一条沙土路贯穿南北，像串冰糖葫芦一般将各个自然村连为整体。然而，张家沟却在这串冰糖葫芦之外，它被严严实实地包含在东面的郭庙梁里面，你看到的只是一个浑然一体的背影，沟的开口处极小又极其隐蔽。

20世纪60年代，大沟垴狼比羊多，大人们走进大沟垴吼上几嗓子，观察观察，安排好孩子的放牧之事后，才开始劳作。

大沟垴是我又害怕又喜爱的地方。

说害怕，那是因为大沟垴里有狼有狐狸有蛇，蚊虫极多，最让我害怕的却是各种各样的刺。那时穷，没有鞋穿，我们都是光着脚放牧。还有那些奇形怪状的悬崖峭壁，看上去青面獠牙，很像老羊把式给我们讲的故事中的妖魔鬼怪。说喜爱，那是因为大沟垴里有五颜六色一年三季开不完的花供我们摘，有潺潺流水供我们玩，有各色各样的蝴蝶和蚂蚱供我们捉，还有几十种小鸟在我们周围嬉戏唱歌。进了大沟垴就是进了内容丰富的天然公园，里面有许多许多的神秘和乐趣。

大沟垴还是我维持生计的地方。

改革开放前的岁月，我们家生活非常困难，靠吃国家返销粮度日。我进入中学后，每逢节假日，就到大沟垴铲野菜，摘野果，拾柴火，采中药，索取我所需要的。

可吃的有草莓、沙棘果（酸溜溜）、棘春头、毛榛子、蕨菜，还有许多叫不出名字的野果野菜。一次，我看见小坎坎上长着一棵小树，树上挂了许多红豆豆，非常好看，惹人眼馋，就摘下一颗，捏破，里面也是红的，用舌轻轻的一舔，辣味刺鼻，不可吃，扔掉了。谁知晚饭后，毒性发作，我的肚子像用辣椒粉揉搓过似的烧燥难耐，倒在地上打滚。大哥给父母说了我上午尝野果的事，母亲给我喝下几半碗凉水，疼痛慢慢消失，我又活过来了。

家中煮饭烧水、烧炕取暖所需要的燃料没有了，我们就去大沟垴割蒿草，挖黑刺，一捆一捆背回家，蒿秆粗硬燃烧起来热量大，黑刺燃烧起来热量更高，烧饭熟得快，烧炕温得久。

没有钱花，也得去大沟塬。大沟塬里黑刺和各种蒿子占的比例较大，在阴湿、平坦、有水渗出的地面，比较高大的蒿类和刺类植物生得少一些，蓑草、水草等较软的植物集中生长在这里。其中有车前子、秦艽，有连片的蒲公英和款冬花，在蒿草丛中还有柴胡、益母草、牛籽等十几种中草药。不同的季节可以采不同的中草药，经过处理，交给固原药材公司，可以换回钱。款冬花我最喜欢，它是当时价钱最高的，1斤定价9元，还会补助半斤粮票。粮票是当时最需要的，那时没有粮票买不到食物。8两粮票加2角5分钱可以买一斤馒头，8两粮票加8角钱可以买两大碗烩面。我还是没有卖上多少钱，因为款冬花只能在立冬后的一个月之内采挖，早了没有成熟，迟了地面就会封冻。款冬花长在土里约5公分处的豌豆大小的果实是生津止咳的良药。

我有幸走上教书育人之路，除了国家的政策好，也多亏了大沟塬，可以说我的一部分学杂费是从大沟塬里拿出的。

大沟塬是我学习的好去处。在"农业学大寨"的形势下，农家孩子哪有在家学习的空闲：铲草喂牛，积肥垫圈，挖圈送粪，农活忙得不可开交，尤其是暑假，大人们忙夏收，放牛羊、割草，甚至耕地的活儿队长也按孩子们的年龄、身高、力量大小、能力差别分下来。队长说我会"操心"，就给了我一个放牧组组长当。给我记7分工，其余8个学生各记5分工。我把他们分成4个小组，由我统一指挥。我着重管理大牛，因为大牛上午耕地，一定要让大牛吃饱。牛吃饱了就卧下回草，我赶快拿出书学习。牧童中有4个人是小学生，4个人是初中生，他们都不带书，闲下来就"抓五子""转窝儿""对草草"。驴群常给我们添麻烦，总是吃不饱，一个劲地走动，天太热还向圈里跑。放驴的两个驴倌有意见，要换组，每到这时候，我的学习就被中断了，我就从牛倌变成了驴倌。

我着重"操心"畜群的安全和孩子们的安全。畜群的安全是别跑散了，别丢了，吃饱喝足。孩子们的安全是别打架，别睡着，别玩危险游戏，别丢了随身带的东西，在雷雨天时把他们带到安全处。有一次，他们玩，我趴在地上写作文，忘了“操心”，一头牛偷吃了生产队的燕麦，令我非常难过，一连几天都跑去看那块燕麦长高了没有。使我高兴的是：我趴在草地上写出的作文——《牛的理解》（童话）和《一双袜子》（微型小说）成为范文，老师在班里朗读，这进一步提高了我的学习兴趣。

高中毕业后，按照“社来社去”的政策，我毫无悬念地回到了张家沟，每日上工下工，下工又上工，耕耙锄打，一切听从队长安排。

恢复高考后的1977年，我报考大学，但没有考上。1978年，我决然报考了中专，复习功课的地点就选在了大沟堖里二道沟和三道沟之间山岭上的一块约30平方米的草地。草软绵绵的像地毯，还有许多各色各样的野花点缀着，很好看。每天吃过早饭，带上干粮和水，背上书本之类的学习用具就到这里苦学。当时还是生产队，我只能躲到这里复习。坐着读书，走着背公式定义，趴着写作文，躺着看天或构思或休息，都很舒服。6月5日到7月5日，在大沟堖里复习了整整30天，没有下雨，山沟里闷热，山岭上凉风习习。

1978年7月6日，我告别了大沟堖里的这块“宝地”，到固原应试去了。

从此，我的命运有了一个转机。

30多年过去了，而今走进大沟堖，没有水，没有刺，没有蒿子和蓑草。到处白花花光秃秃，飞禽走兽消失得无影无踪，我童年的故事就只能是故事了。

逝去了——我的童年，逝去了——我的大沟堖，一切的一切，犹如滔滔黄河水，将一去不复返，一——去——不——复——返——了！

昨天夜里的月光很好，月光穿窗而入，静静地罩着我朦胧入眠。在从教师岗位退休下来到生命终结的有生之年里，我能做点什么呢？那干旱、荒凉，犹如干排骨一般的大沟堖成了我最好的归宿。我在向阳的山坡上盖起了几间茅草屋，开始植树；在河道里掘井，挑水灌溉。没有学生，没有同事，没有上课和下课的铃声，只有永远干不完的活计。

我以我的茅草屋为圆心，一圈一圈的植树：杨树、柳树、榆树、椿树、杏树、梨树、苹果树、松树、柏树……日复一日，年复一年，不知道过了多久，也不知道世界进入何年何代，我白发白须，不如以前刚强了，而且步履开始蹒跚，但在我的辛勤劳作和呵护下，大沟坳却进入了盛年期。它越来越丰富，越来越迷人：春天，花谢花开，蜂飞蝶舞；夏天，溪流涓涓，曲径通幽；秋天，层林尽染，硕果盈枝；冬天，兔走鹰飞，大雪有痕。

2007年8月8日

饸饹床子记

海正明

饸饹床子属于厨房器具，有许多优点，我非常想讲给你们的这个饸饹床子，在我看来，它像石斧、石锉一样粗糙，似乎不值一提，而当你耐心听完我的故事，你会认识到它的来之不易和所具备的时代意义。

一

它的主体材料原本是一段从泥土里挖出来的柳树根，20世纪70年代初，由一个叫赛尔的12岁小学四年级学生打造而成。当时，农村是以生产队为基本单位的大集体形式种粮的，农民是文盲，干部是半文盲，生产技术落后，管理水平低下，加上连年干旱，农业歉收，农民吃国家返销的供应粮（救命粮）度年馑。先是供应小麦、玉米，后来供应红薯片和高粱。在父亲的苦心经营下，我们家还好没有怎么吃高粱，而玉米、红薯片基本没有断过。红薯面做不出面条、包子、花卷，好吃点的就是红薯面饸饹了。

红薯面饸饹的做法是先将红薯面和成面团，捏成馒头状，上笼蒸熟，再用饸饹床子将红薯面馒头压成粉条状，就是红薯面饸饹，调上佐料拌匀，就可入口，口感微甜，柔软光滑，很顺嗓子。那个年代调料也没有什么，油泼辣子极少，拌上食盐和农家自制的浆水，一家人吃得有滋有味。

我们家很少做红薯面饸饹，原因是借不到饸饹床子。借不到饸饹床子就只能吃煮红薯干，煮红薯干容易噎人。

一个地上有雪的上午，母亲说："你们谁去借饸饹床子，妈给你们做饸饹吃。"在家的孩子中，我最大，踏着雪咯吱咯吱地出发了。

我记得清清楚楚，那天家里人等到中午，再等到一物的影子有两物长，我却空手回到家。精疲力竭的我靠在门框上，对母亲说："没有借来，我先到杨家，杨家说马家拿去了；到马家，马家说穆姨夫拿去了；到穆姨夫家，穆姨夫说阳洼里舅舅拿去了；到阳洼里，阳洼里舅舅说下河里人拿去了；到下河里，下河里人说东梁人拿去了。东梁太远，我回来了。"

母亲说："回来就好，借来也没有用，红薯馒头只剩你的一个了。"

我捧起红薯馒头狼吞虎咽地吃起来，母亲说："慢点吃，慢点吃……"

我看见赛尔，他手里的红薯馒头还在，吃了咽不下去，丢掉舍不得，他皱了几下眉头，向东墙根的木柴堆走去。

二

一种硬件碰撞硬件的声响，惊动了四周的人。声响是从西南边百米以外的窑洞里传出来的，窑洞不大也不深，里面只有一盘供我们弟兄四人睡觉的土炕和几个空着的瓦罐。白天他们都出去劳动，很少有人到这个偏窑洞去，今天怎么了？我循着声音准备探个究竟。

窑门敞开着，赛尔低着头。他留着男孩子喜欢的瓶盖儿发型，上身穿白洋布长袖衫，袖子挽得略高，胳膊细细的，左手拇指与食指紧紧地夹着一根大号洋钉子，将钉子死死地按在大青石头上，右手握着镢头一会儿使劲砸几下，一会儿又轻轻地锤打着，他的侧边躺着一根扁木料。

赛尔抬头略微一笑，算是打过招呼，我问他做什么，他没有回答，埋头锤打，叮叮当当不停。母亲说："不要打了，把石头撂掉，你大（爸）快回来了！"说完就回大窑忙她的活去了。我们走后，那声响松一阵、紧一阵地继续着，约莫过了两个钟头，大门外传来咳嗽声，锤打声立刻停止，大真的回来了。

大身体健康，没有咳嗽的毛病，但他每次外出回来，走到家附近时都要咳嗽两声。就赛尔打铁钉这件事，谁都不敢告诉大，怕大斥责。

大回家后，认真编制麦草囤儿，我给大做帮手，整理麦秆儿。一连两三天，除了和赛尔一块在碎窑窑子睡觉，我们没有一起玩儿，话也没有说上几句，当然，也没有听到锤打声响起。

过了些时日，我发现那块柳树根木料变成了一个方正的四棱杠子，中间凿出一个直径约10公分的圆形透眼儿，这是用相当钝的凿子打透的，杠子的一头还钉上了一个粗铁丝做的环儿。我明白了：赛尔做的这是饸饹床子。

那天，他不是在玩儿，是将一根大洋钉子砸扁磨平，当凿子用。在木头上穿出这样一个大孔洞，那是装面的窝子。可是，饸饹床子得用带许多眼儿的金属筛底堵住大孔洞的一面才行，他从哪里能弄到这个筛底儿呢？我为此发起愁来。

赛尔去哪儿了？我寻思着。大这几天一直在家，并不多说话。

我终于听到远处的天空传来的"镗——镗"声。原来赛尔怕大知道后捶他，把活儿转移到距离院子200米外的路壕里，壕深3米多，声音被聚集起来传到空中。

我悄悄地走过去，弟弟、妹妹围在赛尔跟前看，赛尔正在给铁板打眼呢。我看着他用重重的镢头在洋钉帽上一连砸了七八下，都没有穿透，只在铁板上留下一个小小的窝儿。这块铁板，前天还没有取下来，它是一个平刃铁锨头的前部。铁锨头从中间横着裂开了一条口子，相连部分不到一寸，已经不能用了。赛尔一定是沿着这条口子把它反复扭折弄下来的，但大未必知道得那么仔细。如果大认为他损毁了铁锨，毫无疑问，他的一顿打是挨定了。看来赛尔是想吃饸饹想糊涂了，才成了“损坏东西”的败家子。我叮嘱弟弟妹妹千万小心，别说漏了嘴。

姊妹们正在约定严守秘密，大偏偏向这边走来，眉毛拧成了两个圪垯，紧盯着我们。我说：“大来了！”我们四姊妹如丢了魂一般傻傻地看着大，赛尔却飞奔而逃了，洋钉子、镢头和铁板就丢在我们脚下。

然而，大并没有去追他，拾起地上的铁板翻过来覆过去看了几遍，把铁板递给我，沿着赛尔逃跑的方向走了。没过多久大回到了家里，看样子没有生气。天黑下来时，赛尔轻手轻脚地溜进了我们弟兄四人睡觉的碎窑窑子，爬上炕睡着了。

我来到大窑，大坐在炕上等晚饭。他让老三去叫赛尔，我也跟着过去了。赛尔睡得迷迷糊糊，他不敢去吃晚饭。我将拿回来的铁板给他看，那上面有他已经打透的3个大小不一的小孔，并告诉他，大没有生气，叫他过去吃饭呢。他既不说去，也不说不去，傻愣愣地待着不动。

赛尔磨磨蹭蹭地进来了，大和颜悦色地说：“把你的洋钉子拿来。”听上去口气很平和，可大从炕上下来了，我们还是很害怕。

赛尔很快就把钉子取来交给了父亲，父亲接过钉子放进灶火里烧，并在铁马勺里盛了冰水，父亲用木棍把洋钉子从灶火里夹出，将烧红的一端迅速伸进冰水里，“嗤”的一声一股白气升上窑顶。待钉子彻底凉下来后，父亲对赛尔说“拿去用吧”。

我们都松了口气，晚饭吃得很香。

从那天后，赛尔还在路壕里继续干，但不用藏着掖着了。飘雪那天的午饭时间，我去叫赛尔，他说再打一个眼就成了，我看着他又接连打了三个眼才结束。

路壕里没有阳光，风顺壕沟而走，冻得我血液几乎都凝固了，赛尔还没有长大的双手背上满是裂口子，虎口处的裂口子像小嘴张着，血滋滋的。他说："大把钉子蘸硬了，这几天的工夫就冲透了60多个眼"。

这块一共有69个眼儿的铁板，就是饸饹床子的筛底。

后来的一天，我看见他不知道从哪里找来的一根长约1.5米的木杠，上面有崭新的刀痕，木杠的中间凿了个长方形的眼儿，并已经镶上了成人胳膊粗细的木极，木极削得光滑圆润。

要将木件刨光，木工常用的工具是推刨子，村子里只有两家有推刨子，木工用具是不随便借人的，尤其是不会借给一个12岁的孩子。

赛尔当然没有推刨子，他将割草用的镰刀上的刃片卸下，两头缠上破布，将要刨光的木件一端顶在自己瘪瘪的肚皮上，另一端顶在门槛上，双手握住刃片两端使劲推刮，反复切削，夜以继日，最终就成了现在这个模样，虽有凹凸，却也不会划伤人。

饸饹床子的那个圆柱形孔洞，内径不足10公分，厚11公分，内壁也得磨光，用什么工具呢？赛尔进进出出转了半天，目光最终落在一堆石头上，可是，这堆石头没有一个合适的，大的进不去，小的进去了手又拿不住，只好放弃。后来，赛尔从园子畔找到一块长方形的条石，拿回来用石打石、石磨石的办法加工，经过一而再，再而三地试验，最终做成了一个约30公分长的石器，刚好能穿过木洞。用这个石器打磨饸饹床子面窝子的内壁，木屑儿一点点掉出来，面窝越来越光滑。

饸饹床子的筛底一面比较光滑，另一面粗的能在石头上划出白痕，当然也得磨光。赛尔用双手按在铁板光滑面的上面，左拉右推，前拉后推不停地磨啊磨，刚开始非常费力，声音刺耳，磨下来的铁屑在石头上发着金属特有的光泽。石头由粗硬的换成细软的，接着磨。铁板越来越亮，上面的眼儿也越来越圆。

铁板的两面都平整了，光滑了，赛尔满意了。

三

母亲一直以为赛尔是在做玩具，饸饹床子组装成后，她抓住手把试了一试，伸手摸一摸面窝子，说了一句“能用”，就抱去反反复复地冲洗了几遍，马上和面。

深棕色的红薯饸饹端上了桌，一共8碗，每人一碗，都是一模一样的量，母亲分得均匀。这天像发生了什么大事似的，谁都没有抢先吃，而是看着母亲将她自己碗里的饸饹面夹出4根，放到赛尔碗中，再依次从4个孩子的碗中各夹出2根放到赛尔碗中。没想到大也动手了，从他自己的碗中夹出4根，2根放进母亲的碗里，另2根放在赛尔的碗里。

我们跟随大吃下了这顿香喷喷的红薯面饸饹，柔软、光滑，与别的床子压的饸饹似乎有些微的差别。

四

来我家借饸饹床子的左邻右舍逐渐多了起来，父亲微笑着迎来送往。这个饸饹床子出自一个12岁孩童之手，他用镢头当锤子，用洋钉自制凿子和铳子，以刃镰片做刨子，自制石器当木锉。它改变了张家沟32户人共用2个饸饹床子的历史，降低到平均11户人一个饸饹床子，将张家沟人吃上饸饹的几率提高了好几倍，父亲当然高兴了。

有海学忠诗为证：

人生苦短几十年，
韶华流去不复还。
少儿打造新机械，
乡间至今众口传。

其实，这只是一件小小的往事而已。

2015年5月31日初稿于原州区吉祥院

2017年1月14日定稿于宁夏大学

六盘山两边行

海正忠

因为要到固原完成一项任务，我和司机师傅开着“小飞乐”客货车从山的南边往北边赶。

1986年4月21日，我终于翻越了早就想翻越的这座大山——六盘山。六盘山只有六盘吗？有人说六盘山的“六”并非意在表数。从前这里原始森林茂密，野生动物成群，鹿尤为多，当地人称此山为“鹿盘山”，“鹿”音同“陆”，“陆”又是大写的“六”。但究竟是一个如何的演化过程，不得而知。

我说不准当时我是带着怎样的心情上山又下山的。只记得客车在180度的拐弯处迅速地调头，乘客不自觉地倒向车厢同一侧，幸亏路面里低外高，才抵消巨大的离心力。然而，我还是不敢乐观，万一刹车突然失灵了呢？

苍茫起伏跌宕的群山，像鹿群一样温顺地卧在我们脚下。这是中国工农红军战略大转移——二万五千里长征到达陕北的最后一座大山，三岔路口的巨大石碑上镌刻着《清平乐·六盘山》。路——看它似蛇，萦回曲折盘踞于山中；看它像溪水，银色熠熠流淌于山涧。车从我们脚下过，车从我们头顶过。

我尽力搜寻曾经学过的关于山的描述：“山舞银蛇”“天连五岭银锄落”“蜀道之难，难于上青天”“峰高华岳三千丈，险据秦关百二重”，太可怜了，别的什么都想不起来。

那天，客车很友好地把我们送到了一个前山后山，左山右山的乡镇——隆德县山河乡，然后，愉快地回城去了。

3个月后的7月23日，在我完成关于“山河乡教育”和“山河乡劳务输出”两篇调研报告后，霍立港组长特意给我两天假，准我回趟固原。二过六盘山，满山浓雾，我们如神如仙般总算安全过去了。回到张家沟，见全家忙着在院子的东南角建一间小屋，妹妹忠梅说，那是专门为我造的。我嘴上没说，心里不觉悲哀起来，难道我的归宿仅是如此？

全家人都在干活，连只有7岁的小侄子窝梨儿都忙得不可开交，提水、抬砖、捣泥、添草。添草时，他抓得太少，二哥让再添，他就问：“多儿？多儿？”于是，“多儿多儿”成了整个建房工地上大家的口头禅，给繁重的劳作增添了轻松愉悦。窝梨儿一会儿叫我上泥，一会儿叫我背草，俨然以师父自居，父亲笑着说：“不会干活，你就得受小农民的指教。”

第二天上午十点，我从张家沟出发，步行到二十里铺，去固原乘上开往泾源的客车到和尚铺，再换成从银川发来的长途车，第三次翻越六盘山。车刚起步，雨就下开了，海拔越来越高，雨下得越来越大，车顶砰砰作响，车下流水哗哗。一车人都很紧张，真佩服镇定自若的司机师傅，把我们安全地送到了隆德县城。

扶贫工作任务重，头绪多，我在山河乡已经待了5个月，季节从暮春跳到了中秋。久在山的南面生活，一回到山的北面，仿佛穿越了时空，黄绿色的森林换成了棕红色的山峦和满山遍野静卧着的大片大片的耕地。

到二十里铺，“小飞乐”离开柏油公路驶上通往张家沟的便道。路旁一簇簇秋菊点头含笑，轻轻抚摸着车轮。大马庄—丁家庄—毋家洼，向东拐九十度，二三百米的川道，进了前河口，沿着河床南行，两边山坡上的树木一片斑斓。

16年前的一场造地运动在这里展开，车不熄火，人不睡觉，男女老少，浩浩荡荡。向山林要粮，砍掉树木，开垦荒山，坡地变梯田。历时4个多月的苦战，硬生生把数百亩森林、荒山、草甸变成了一条条带状梯田，田埂高数丈，犹如悬崖。小半年的造地运动，耽误农时，田里像火烧了一样干净。立秋后，阴雨绵绵，一天夜里，村民们听到几声闷响，他们辛苦筑成的梯田坍塌了，泥石流冲下山坡，顺河道而去。

惨痛的教训后，张家沟人十分重视植树造林，恢复植被。现在，整个村庄都掩隐在树木丛中，出名的有下河里的杏树园、前拐沟马彪林、底下院河湾、阿蛋子里拐沟林、杨树园子、梨树洼、埃背梁上的两个杨树壕、毛桃树涧、爬爬树沟等。

“小飞乐”一直送我到家门口，小憩片刻，喝口茶水，拿了两个黄澄澄的老瓠子，便又急匆匆地北上了。

1986年9月初稿

2019年11月定稿

后 记

柯庄村没有村志，张家沟神秘莫测。查阅文献，犹如瀚海寻针，一次次扑空。只在清宣统年间王学伊总纂的《新修固原直隶州志·地舆志：村庄》中找到东昌里所属的“张家沟、嵝岘口、柯家庄、林家庄、丁家山”，算来也就110多年时间，“嵝岘口”演变成母家洼，“丁家山”演变成丁家庄。山川本是无名的，名因人而起，叫得久了，传得广了，才载入史册。

资料缺失并不等于没有历史，张家沟瓦窑洼的瓦窑，堡子梁上的堡子，杨家户的堡子，均被一点点蚕食，就连东山顶上的航空标志都消失得无影无踪。传说中的跑土匪、狼吃人、地震、青杠海，记忆中的旗杆梁、放牧场、打靶场、大碾盘，现实中四大姓氏、四小姓氏、多处无名坟茔，到底是怎么回事呢？真相依然扑朔迷离。

发生于1949年7月31日至8月1日的任山河战斗是解放西北之陇东追击战的组成部分，是解放宁夏的第一战，也是打得极其惨烈、意义非凡的一战。此役彻底摧垮了马鸿逵部的士气，打开了宁夏南大门，由此揭开了解放宁夏的序幕。

与上点岁数的柯庄村村民交谈，任山河战斗很容易被提起，交战正酣，解放军进驻柯庄，大约一周后撤离西进。军民互动的各种故事广泛流传，影响深远，金家上房指挥部、吹号梁、黑牛纸票子、海生德，这些关键词时常出现在村民的语言中。

张家沟乃至柯庄人淳朴。随着女子远嫁、异地搬迁、外出打工、千里求学和参加工作人数的增多，他们也悄然发生了变化。村里的人渴望走出大山，看看外面的世界；远方的游子渴望回家，那山那水，那物那人，思乡之情通过各种渠道从四面八方聚集涌来，家乡的“烟火气息”成了他们的奢望，“记住乡愁”是他们的共同心声。

本书附录中收录的文章，多数从未正式发表，只有《那年，他种下六棵树》原载于《回族文学》2005年第2期。2017年，海融融把它推荐给了中共银川市委讲师团编的《阅读与推荐》第七期，她在推荐理由中写道：“这是一篇有感情、有温度、有故事的文章，读完早已泪如泉涌。故事发生在西海固这块贫瘠的土地上，记录了那个年代最让人揪心却又无奈的一幕，疾病并没有因为饥肠辘辘的日子而停止蔓延，夺走了他最宝贵的亲情。笔者虽人到中年，却从未放下过心头的重担，再次提及年少往事，回到家乡走进大山深处，洗尽铅华回归素人。带着四十岁的沧桑感寻找着故人当年遗留下来的线索，看着那郁郁葱葱的六棵树，触摸着它那粗犷且坚硬的纹理写出了久久压在心头的思念。”

情感是真实存在的反映，中肯的推荐词给了我莫大的鼓舞和鞭策，作为土生土长的柯庄村张家沟人，我想我有责任记录下村里的历史文化、风土人情、一沟一壑及进入新时代以来的巨大变化，期望能够增强村庄的软实力。

在写作与出版过程中，开城镇陈璋书记、柯庄村村民委员会妥军、阳光出版社编辑丁丽萍等以及我的朋友、家人提供了许多支持和帮助，这里一并致谢。

是为记！

海正忠

2021年4月28日